W0311527

Anaïs Lecoq

MALTRIARCAT

Quand les femmes ont soif de bière et d'égalité

DÉJÀ PARU DANS LA COLLECTION « LE POING SUR LA TABLE »

Faiminisme

Nora Bouazzouni

Bouffes bluffantes

Nicolas Kayser-Bril

Spaghetti Wars

Tommaso Melilli

Plaidoyer pour le vin naturel

Éric Morain

Les Agronautes

Cédric Rabany

Breuvages bluffants

Nicolas Kayser-Bril

Voracisme
Nicolas Kayser-Bril

Steaksisme
Nora Bouazzouni

© Nouriturfu, 2022

Illustration de couverture : Alice Mazel
Conception graphique et mise en page : Nina Clauzel
Diffusion et distribution : Harmonia Mundi *livre*

ISBN 978-2-490698-55-4
www.nouriturfu.com @nouriturfu #Maltriarcat

LE POING SUR LA TABLE

Anaïs Lecoq

MALTRIARCAT

Quand les femmes ont soif de bière et d'égalité

7. AVANT-PROPOS

17. UNE ÉVICTION ORGANISÉE

45. DE PRODUCTRICES À PROMOTRICES

75. FAIRE GENRE

105. REPRENDRE SA PLACE

139. REMERCIEMENTS

141. L'AUTRICE

AVANT-PROPOS

En 1946, Rosa Merckx est embauchée en tant que secrétaire par la brasserie belge Liefmans. Rapidement, elle accompagne le brasseur Paul Van Gheluwe à l'élaboration des recettes et au brassage. Au décès de ce dernier, en 1972, elle prend sa succession et devient la première maître-brasseuse de Belgique, dirigeant une équipe de quarante hommes. À 96 ans, retraitée depuis 1990, elle arpente régulièrement les allées de la brasserie pour déguster et contrôler la qualité des bières. Toujours en Belgique, An de Ryck reprend l'entreprise familiale dans les années 70, après être devenue la première ingénieure brassicole du pays. Son père ne souhaitait initialement pas qu'elle devienne brasseuse, ce qui l'a d'autant plus motivée à le devenir. En 1976, aux États-Unis, Suzanne Stern Denison et Jane Zimmerman co-fondent avec Jack McAuliffe la première brasserie post-Prohibition, New Albion, en Californie. Mais c'est Jack qui reçoit en 2019 les honneurs du musée national d'histoire américaine de Washington, pour son influence dans le monde brassicole américain. Suzanne et Jane ont dû louper l'invitation, pas de bol. « Les gens me disent : "Ça ne t'énerve pas que, lorsque Jack a commencé à attirer l'attention, il ne vous ait jamais mentionnées, ni toi, ni Jane ?" Et je réponds : "Je ne suis pas en colère. Je m'en fiche un peu" », explique Suzanne Denison à 87 ans[1]. « Je sais le rôle que j'ai joué, et c'est assez pour moi. » Quelle classe... Vendeuse de matériel de brassage amateur dans les années 70, Nancy Crosby convainc le Congrès américain de rendre légal le *homebrewing*, interdit depuis la Prohibition, grâce à un impressionnant lobbying. Jimmy Carter signe sa légalisation le 14 octobre 1978. Le brassage amateur est un des vecteurs les plus importants de l'explosion de la bière artisanale dans les décennies qui suivent. Et c'est Nancy Ponzi, co-fondatrice avec son mari Dick de la Bridgeport Brewing Company, qui aide à la légalisation des *brewpubs*[2] en Oregon en 1985. Son mari est le seul à avoir droit à sa page Wikipédia, car « l'histoire du travail des femmes est souvent racontée à travers celle de leurs maris et de leurs fils. Elles sont catégorisées comme des épouses et des mères plutôt que des associées ou des gérantes[3]. » En 1986, en Californie, Judy Ashworth fait de son bar le premier bar des États-Unis à ne servir que de la *craft* (de la bière artisanale), cessant ses contrats avec

[1] « *Brewing Pioneers: Suzy Denison* » (Beervanablog.com, 25 nov. 2020).

[2] Un *brewpub* est un établissement composé d'un restaurant et/ou d'un bar où la bière servie est brassée sur place.

[3] Tara Nurin, « *A woman's place is in the brewhouse: a forgotten history of alewives, brewsters, witches and CEOs* » (*Chicago Review Press Incorporated*, sept. 2021).

Budweiser ou Coors. Une pionnière et une visionnaire, qui avait même interdit la cigarette dans son établissement pour que la clientèle puisse sentir et goûter la bière comme il se doit (impensable dans les années 80). En Afrique du Sud, Apiwe Nxusani-Mawela est une habituée des « premières » : première Sud-Africaine (tous genres confondus) à être diplômée de l'Institut de brassage et de distillation (au Royaume-Uni), première personne noire formatrice de ce même établissement, et première femme noire à la tête d'une brasserie dans le pays. En 2021, elle organise à Johannesburg le premier Blacktoberfest, où elle met à l'honneur des brasseur·ses noir·es.

Sauf exception, vous n'avez probablement jamais entendu parler de ces femmes, qui ont pourtant participé à façonner le monde de la bière artisanale tel qu'on le connaît aujourd'hui. Et vous n'avez là qu'une infime partie des noms et des histoires oubliées que j'ai pu lister pendant mes recherches.

Quand j'ai appris que les femmes, jusqu'à il y a quelques siècles, avaient un rôle prépondérant (aussi bien économiquement que socialement) dans la fabrication de la bière, j'ai vu rouge. Brassage de bière : une croix de plus sur la check-list des métiers et statuts dont on a privé les femmes à travers l'histoire. On s'est encore bien fichu de nous, à nous faire croire que nous n'avions pas notre place dans une salle de brassage ou dans un bar, une pinte à la main. Alors que c'est sous le coup d'interdits, de lois inégalitaires et de superstitions infondées que les femmes ont peu à peu perdu leur hégémonie dans la pratique, au profit d'une industrie capitaliste puissante et presque exclusivement masculine. Pensée par et pour les hommes, de A à Z. Les industriels et les publicitaires s'en sont assuré.

J'aime avec passion le monde de la bière. J'y ai rencontré des personnes exceptionnelles, découvert une entraide dont on fait rarement l'expérience dans le monde professionnel, appris à déguster un produit à la diversité incroyable. Mais le microcosme ultra ouvert et bienveillant que je me suis imaginé ne l'est pas totalement. Ou en tout cas pas pour tout le monde. Car le patriarcat n'a pas attendu que je redescende sur terre pour m'attraper par le col. C'est ce caviste, dans une boutique spécialisée, qui s'adresse à mon conjoint en m'ignorant royalement. C'est ce serveur qui, quand je commande ma bière préférée, me demande trois fois, avant de daigner me servir, si je suis sûre que je vais aimer parce que, quand même, c'est fort/pas sucré/acide ou les trois à la fois. Ce sont ces types qui m'expliquent la bière que je suis en train de boire tout en laissant mes amis déguster leur pinte en toute tranquillité. Ou ces petits mecs qui clament haut et fort que, eux, ils ne boivent certainement pas de « bières de gonzesses ». Toutes les amatrices de bières, professionnelles ou non, peuvent se reconnaître dans au moins une de ces situations (pour ne pas dire toutes). Car cette boisson reste encore aujourd'hui profondément associée au masculin dans l'imaginaire collectif. Elle fleure bon les soirées pizza entre mecs devant un match de foot, le barbecue du dimanche avec une bonne assiette de viande et autres clichés remplis de virilité et de masculinité. Les femmes, petites choses douces et fragiles, ne peuvent se délecter d'un breuvage aussi puissant que la bière. Sauf si elle est légère et fruitée, à la limite. Une *bière de filles*, quoi.

Sur TikTok, je suis tombée sur le *beer girl poster challenge*. Sur le coup, j'imaginais qu'il s'agissait d'un challenge d'*empowerment* pour les meufs qui aiment la bière. L'ascenseur émotionnel fut fatal. « Je fais le "beer girl poster challenge" pour mon petit copain/mon mari », dévoilent les utilisatrices sur la musique du groupe AC/DC, *You shook me all night long*. L'objectif : reproduire l'une ou l'autre des célèbres affiches publicitaires de marques comme Budweiser, Coors ou Busch, et l'offrir à son conjoint. Ces dernières représentent majoritairement des femmes en bikini, avec des gros plans sur les fesses, le décolleté, et un visage qui rentre rarement dans le cadre. Si je n'ai rien contre les femmes qui ont réalisé ce challenge (parce qu'elles font bien ce qu'elles veulent), je ne peux m'empêcher de grincer des dents en pensant que c'est la seule chose à laquelle on pense quand on associe la bière aux femmes. Des corps sexualisés pour plaire aux mecs cis[4] hétéros. Car, si on les a exclues du brassage, on a quand même gardé les femmes sous le coude pour aguicher ces messieurs et les pousser à consommer toujours plus. Pas besoin de beaucoup se creuser la tête pour trouver une étiquette avec une nana à forte poitrine, un jeu de mot minable sur la fellation et autres positions sexuelles dégradantes.

Alors si demain je vous disais que je n'ai envie de boire que des bières brassées par des femmes, la tâche serait ardue. Des brasseries *women owned*, il y en a pourtant pas mal en France. Mais pour mettre la main dessus, c'est plus compliqué. Petite production, faible visibilité, pas les moyens d'être distribuées nationalement : vous ne trouverez pas leurs bières dans des enseignes ou boutiques en ligne spécialisées, vous ne verrez pas leurs stands dans les grands festivals nationaux puisqu'elles n'y sont quasiment pas invitées. En 2021, au Paris Beer Festival, sur

---

[4] Cis ou cisgenre : type d'identité de genre où le genre ressenti d'une personne correspond à celui assigné à sa naissance.

les 44 brasseries présentes lors du week-end de clôture, 4 étaient fondées ou co-fondées par une femme (soit 9 %). Au Beer Love Festival, à Montpellier, il y en avait 1 sur 25 (4 %), 6 sur 45 à Nantes sous Pression (13 %) et 13 sur 100 pour Bière à Lille (13 %). Je n'irai pas jusqu'à penser que c'est un choix conscient de ne pas les inviter. La raison étant avant tout que ces événements reposent principalement sur le réseau et le copinage entre brasseurs, auxquels les brasseuses ont rarement accès.

Mais si je vous disais que je n'ai envie de boire que des bières brassées par des femmes, on me dirait que je suis une extrémiste et que ce choix est du « sexisme inversé » (*sic*). On harcèle gaiement les féministes qui disent ne lire que des autrices, comme si c'était le péché ultime, alors que les chiffres montrent l'exact inverse : ce sont d'abord les hommes qui préfèrent lire leurs semblables[5]. Virginie Despentes nous avait bien prévenues dans *King Kong Théorie* : « Les hommes aiment les hommes. [...] Ils se regardent au cinéma, se donnent de beaux rôles, ils se trouvent puissants, fanfaronnent, n'en reviennent pas d'être aussi forts, beaux et courageux. Ils écrivent les uns pour les autres, ils se congratulent, ils se soutiennent. Ils

---

[5] Le lectorat des dix autrices les plus vendues dans le monde est composé à 19 % d'hommes et à 81 % de femmes, quand pour leurs équivalents masculins on compte 55 % d'hommes et 45 % de femmes.

ont raison. » Vous ne serez donc pas étonné·es si je vous dis qu'ils préfèrent boire la production brassicole des hommes. Ils partent même du principe qu'une bière brassée par une femme sera moins bonne, pour cette unique raison.

Ce n'est pas moi qui le dis, c'est une étude de l'université de Stanford[6]. Trois chercheuses ont démontré que « les consommateurs donnent moins de valeur et sont moins enclins à acheter des produits traditionnellement masculins s'ils pensent qu'ils ont été faits par des femmes ». Ainsi, « il y a une supposition que les bières artisanales, les tournevis ou les galeries de toit faites par des femmes ne seront pas aussi bien (que s'ils avaient été produits par des hommes, NDLR) ». La domination masculine a quand même bien fait son œuvre pour en arriver à un tel degré d'absurdité dans l'inconscient collectif. Focalisant leur étude sur la bière artisanale (perçue comme masculine) et les cupcakes (jugés féminins), les chercheuses ont demandé aux volontaires d'évaluer les produits en modifiant seulement le nom du fabricant ou de la fabricante sur l'étiquette. Résultat ? Quand les consommateurs pensent avoir affaire à une bière brassée par une femme, ils lui donnent un prix inférieur à celle qu'ils pensent brassée par un homme. Ils

---

[6] « *Gender inequality in product markets: when and how status beliefs transfer to product* » (*Social Forces*, vol. 98, 2e éd., déc. 2019, p. 548-577).

estiment aussi qu'ils n'ont pas à en attendre grand-chose en termes de goût et de qualité. L'inverse n'étant pas vrai pour les cupcakes. En conclusion, « les produits fabriqués par des femmes et vendus dans un marché masculin sont pénalisés pour aucune autre raison que le fait d'être produits par des femmes ». Alors, les brasseuses vont-elles devoir prendre des pseudonymes masculins comme Amandine Dupin, plus connue sous le nom de George Sand, l'a fait pour la littérature ? On part encore avec un sacré désavantage.

Car le monde de la bière est un milieu essentiellement masculin, blanc et hétéro. C'est bon, vous pouvez souffler, j'ai arraché le pansement. Je sais, ça fait mal même quand on s'y attend. Cette affirmation ne devrait pas surprendre grand-monde, même si elle en énervera sûrement plus d'un·e. Pourtant, on ferait tou·tes mieux de l'admettre, parce qu'on ne risque pas de beaucoup avancer en continuant à faire l'autruche. Ce n'est que le reflet de notre société, rien de nouveau sous le soleil. Mais le renouveau de la bière artisanale se veut justement à l'opposé d'un monde comme celui du vin, jugé classiste et élitiste. Le *beer world*, c'est ouvert, cool et progressiste. Si c'est vrai par bien des aspects, tout cela se fait toujours principalement entre mecs, et il est grand temps que ça change. On s'y met ?

1. UNE ÉVICTION ORGANISÉE

Si vous cherchez « brasseuse » sur Google, vous découvrez la jolie petite commune de Brasseuse et ses quatre-vingt-dix-huit âmes, dans l'Oise. À la deuxième page du moteur de recherche, vous apprenez qu'il s'agit du féminin de brasseur ou d'un dérivé de la brasse, en natation. Les explications s'arrêtent là. Dans l'imaginaire collectif contemporain, c'est l'homme qui fait la bière. Le brasseur serait alors un grand gaillard, souvent barbu et surtout bon vivant, fourquet[7] dans une main et pinte dans l'autre. Pourtant, la réalité historique est tout autre et les femmes n'ont pas attendu le 21e siècle pour investir les salles de brassage. Dès l'Antiquité, en Mésopotamie, on fabrique de la bière[8] (ou plutôt, du « pain liquide », le Sikaru). Et cette tâche domestique est attribuée… aux femmes évidemment !

Les premiers brasseurs étaient des brasseuses

Deux mille ans avant notre ère, les femmes ont un rôle social reconnu jusque dans les textes juridiques babyloniens.

---

[7] Le fourquet est une sorte de pelle trouée utilisée durant l'empattage, afin de mélanger l'eau et le malt. C'est une des premières étapes du brassage.

[8] D'après de récentes découvertes au Moyen-Orient, la première gorgée de bière pourrait dater de 13 000 ans av. J.-C.

Le Code de lois de Hammourabi mentionne les tavernes à trois reprises en évoquant à chaque fois « des marchandes de vin[9] ». En même temps, la figure mythologique sumérienne de la bière est une femme : la déesse Ninkasi. Cette « Dame qui remplit la bouche » a droit à son propre hymne. Gravées sur des tablettes d'argile, deux chansons en son honneur ont été datées d'environ 1 800 ans av. J.-C. Grâce à la bière, qui ne les réduit pas à leur rôle d'épouse ou de mère, les femmes tiennent des cabarets et deviennent indépendantes économiquement parlant. Je vous vois venir et je vous le dis de suite : ne vous emballez pas. L'Antiquité, ce n'était pas non plus *the place to be* pour l'empouvoirement des femmes. Ne voyons pas du progressisme là où ça nous arrange, au risque de frôler l'anachronisme. L'article 108 du Code précise tout de même que si la marchande trompe sa clientèle, elle sera noyée. L'article 109 note que celle qui ne conduit pas au palais les rebelles qui fréquentent son établissement est passible de mort. Être une *girlboss* a ses limites.

Des Scandinaves aux Égyptiennes en passant par les Gauloises, les femmes sont les brasseuses. Elles réalisent le breuvage fermenté pour des cérémonies religieuses, mais aussi au sein du foyer, puisque la bière offre un apport

---

[9] Mark Forsyth, *Une brève histoire de l'ivresse* (éd. du Sonneur, 2016).

riche en calories pour un coût de fabrication peu élevé. Une production qui sort rapidement de la sphère domestique.

En Égypte antique, il y a même « une égalité de genre extrêmement moderne en matière de beuverie[10] ». Comprendre : les femmes picolent autant que les hommes et la chose est admise et considérée comme la norme. En témoignent des scènes de débauche gravées où des femmes vomissent généreusement au sol. N'oublions pas que Hathor était la déesse de l'ivresse : encore une femme ! Quelque 5 500 ans av. J.-C., les brasseries font déjà partie d'une industrie, comme Hiérakonpolis, l'une des plus anciennes connues à ce jour. On retrouve également des statuettes de brasseuses égyptiennes, datées de 2 000 ans avant notre ère, confirmant la place des femmes dans la production.

L'omniprésence de ce lien se retrouve dans tous les peuples, sur tous les continents, à toutes les époques, sous différentes formes et traditions. Si on se tourne vers l'Amérique du Sud, on découvrira au Pérou une bière à base de graines de quinoa mâchées par les femmes (pour la fermentation). Du côté de l'Asie, au Népal par exemple, les bières de millet sont aujourd'hui encore fabriquées par des brasseuses. Sur le continent africain, la bière traditionnelle,

---

[10] *Ibid.*

le *dolo*, est brassée au Burkina Faso par les *dolotières* : à Ouagadougou, il existe près de six cents brasseuses qui produisent 200 000 hectolitres par an. En Côte d'Ivoire ou encore au Bénin, le *tchapalo* est aussi brassé exclusivement par des femmes, les *sumbartchos*. À l'époque précoloniale, ces dernières commercialisaient même leurs bières à tour de rôle afin d'éviter de se concurrencer.

Chez les Germains, des contrats de mariage datés du 16e siècle stipulent que les épouses sont celles qui apportent les outils de brassage dans la dot[11]. Jusqu'au 15e siècle, les brasseuses dominent encore en nombre la corporation des brasseur·ses de Francfort. En Norvège, la jeune mariée doit brasser, le jour de son mariage, une bière pour son époux et son beau-père. Un aperçu direct de ce que sera désormais son quotidien, puisque la ménagère norvégienne ne voit disparaître le brassage domestique que vers la fin du 19e. Et dans le folklore finlandais, le poème épique *Kalevala*, publié en 1835, rend hommage au travail de la première brasseuse, Osmotar : « Osmotar, la femme qui fabrique la bière… Elle prit six grains d'orge, sept racines de houblon, huit mesures d'eau et mit la chaudière sur le feu. » Les bases sont posées.

---

[11] Bertrand Hell, *Bière et Alchimie* (L'Oeil d'or, 2015).

En Gaule, la bière a une vraie place dans la société. « Les témoignages ne manquent pas pour montrer la réelle importance de la bière dans la vie quotidienne : les livraisons substantielles de bière à l'armée, la célébration de la bière sur des vases à boire dans les tavernes, les variétés de bière, les malteries, les brasseries, brasseurs et marchands de bière, sans compter les tonneaux[12]. » Le problème demeure que l'on manque cruellement de recherches et de documentation sur le sujet. Les témoins principaux n'ont pas écrit sur la bière. Il nous reste des textes grecs et latins relativement méprisants envers le breuvage — alors que ces peuples en consommaient aussi. Ce que l'on sait c'est que, dans la Rome de César, « les pouvoirs publics réservaient aux seuls hommes la production et la consommation de cervoise[13] ». Cela n'empêchait pas les femmes de brasser. Des stèles funéraires venant des Vosges et de Metz datant du 2e siècle environ les montrent en train de s'affairer à la tâche. À la même époque, des inscriptions venant d'Allemagne évoquent également une Gauloise négociante en bière. Mais les femmes sont rapidement maintenues dans l'ombre. Avec l'arrivée du christianisme en tant que religion officielle de l'Empire romain, au 4e siècle, le breuvage est considéré comme païen, donc profane. Pour

[12] Fanette Laubenheimer, *Boire en Gaule* (CNRS éd., 2015).

[13] Bertrand Hell, *op. cit.*

lui redonner une certaine noblesse, les brasseries prennent place dans les monastères, où ce sont principalement des hommes qui se chargent de la fabriquer. Le développement des brasseries monacales, surtout au 12e siècle, pousse un peu plus les femmes en dehors du brassage. De cette époque ressort pourtant une figure féminine remarquable : la religieuse allemande Hildegarde von Bingen (1098-1179), qui écrit sur le houblon et son importance en tant que conservateur et antiseptique, conseillant de l'ajouter dans la bière.

Et puis, que serait l'histoire de la bière en Europe sans les *alewives*[14] en Grande-Bretagne ? C'est l'exemple le plus notable et le plus documenté de femmes qui font du business avec la bière. Mais avant d'en arriver là, elles brassent surtout à la maison, pour la famille. Au Moyen-Âge, la bière est la boisson la plus consommée, aussi bien par les enfants que les adultes, du petit-déjeuner au dîner. La raison est simple : l'eau n'est pas aussi nourrissante et parfois impropre à la consommation, le vin trop cher et le lait transformé en beurre ou en fromage. Consommer une bonne *ale*, c'est nourrissant et désaltérant : l'ivresse n'est pas le but premier. Ainsi, en 1200, les *maisons à*

---

[14] « Les épouses de la ale », puisque la *ale* était la forme de bière produite à l'époque en Angleterre. Il s'agissait d'une bière à fermentation haute avec de l'orge, de la levure et de l'eau.

bière — l'ancêtre des pubs anglais — n'existent pas encore. Mais les femmes commencent à vendre leur surplus de production, puisque le breuvage s'évente au bout de deux à trois jours. Elles posent alors « un poteau indicateur — une simple baguette horizontale avec une branche de buisson attachée à l'une des extrémités — au-dessus de la porte d'entrée pour le signaler[15] ». Nous sommes au début du 14e siècle. Jusqu'à présent la clientèle vient acheter sa conso devant les maisons des *alewives*, puis part la déguster dans les églises. Mais la pratique est interdite, car les dégueulis dans les lieux de culte commencent à faire un peu tâche. En 1366, l'archevêque de Canterbury, Simon Langham, menace même d'excommunier quiconque participe à ces beuveries collectives dans la maison de Dieu. Les consommateurs investissent progressivement les cuisines des *alewives* pour consommer leur *ale* : les premières *maisons à bière* sont nées.

Encore une fois, pas d'illusion. Brasser ne confère pas un statut social hors du commun aux femmes, et la rémunération est faible mais correcte *pour des femmes*. Pas étonnant que les mecs n'y prêtent pour l'instant guère attention. En plus, « les maris avaient le contrôle sur les activités économiques de leurs femmes, y compris le

---

[15] *Ibid.*

brassage. Par conséquent, ils pouvaient dire à leurs femmes quand, comment et à qui vendre de la bière, et ils pouvaient aussi prendre et utiliser comme ils le voulaient les profits de la vente de bière[16] ». La belle affaire. Et s'il est vrai que les hommes ne sont pas totalement absents de la production, ils sont non seulement très peu nombreux, mais aussi rarement seuls. On le sait « parce que les femmes étaient les personnes les plus identifiées dans les documents publics — aussi bien dans les premières législations que dans les présentations des décisions de justice — en lien avec le commerce de bière[17] ».

Au début du 15e siècle, de nombreuses brasseuses gèrent leur affaire avec leur mari. Rien d'étonnant à ce qu'elles soient majoritaires, puisque la plupart des femmes adultes sont mariées, le célibat restant marginal. À la surprise générale de personne, même si la brasserie est tenue par le couple et bien que l'homme en soit le propriétaire (*spoiler alert*, les femmes n'ont pas accès à la propriété), c'est l'épouse qui gère l'entreprise. Si le succès de ces établissements est facilité par le soutien social et financier des maris, ces derniers ont un autre travail. Pourtant ce sont eux qui profitent des avantages offerts par les guildes de brasseur·ses, dont

[16] Judith M. Bennett, *Ale, Beer and Brewster in England: Women's Work in a Changing World. 1300–1600* (Oxford University Press, 1996).

[17] *Ibid.*

ils sont pleinement membres alors que leurs épouses en sont des membres partielles... En 1420, à Londres, le travail des *alewives* est effacé, caché, au profit de leurs époux, qui deviennent des personnalités publiques à mesure que le brassage se développe économiquement et socialement. Les guildes créent leurs propres structures politiques, dont les femmes sont par essence exclues. À Oxford, la guilde interdit aux femmes de livrer la *ale* à la clientèle, réduisant un peu plus les quelques emplois accessibles aux célibataires. Celle de Leicester est fondée par les maris des brasseuses, pour leur propre bénéfice, alors que ces derniers ne produisent pas. Pour en rajouter une couche, certaines guildes de Londres n'acceptent purement et simplement aucune femme. La non-mixité comme on l'aime.

Si aujourd'hui il ne nous reste plus que ces bribes d'informations et à peine quelques miettes à se mettre sous la dent pour prouver l'importance des femmes dans l'industrie brassicole, c'est parce que leur éviction a été savamment organisée au fil des siècles.

Pourquoi et comment les femmes ont été écartées du brassage

Savez-vous ce que veulent dire *brewster*[18] et *braceresse* ?

---

[18] En vieil anglais, le suffixe *-ster* indiquait le féminin : il a disparu dans cette fonction en anglais moderne.

Non, ce ne sont pas les équivalents féminins de *brewer* et *brasseur*, ce sont tout simplement les termes originels pour nommer les femmes qui font de la bière, en vieil anglais et en ancien français. En latin, on parle aussi de *braciatrices* ou de *pandoxatrices*. Leur pendant masculin, qui n'a initialement pas de lien avec le brassage, devient progressivement le « neutre », effaçant ces termes ancestraux. Dans le dictionnaire de Frédéric Godefroy, publié en 1881, lequel retrace l'ancien français et tous les dialectes du 9e au 15e siècle, on peut lire que la *braceresse* est « celle qui fabrique » et « celle qui vend de la bière en gros : toutes braceresses de la ville et des tavernes ». Pour parler de l'homme, le *braceor* (ou *brasseor*, *brasseur*, *brachoour*), la mention de la bière n'est pas présente. Le *braceor*, c'est « celui qui charge quelque chose avec le bras », « celui qui fabrique », « celui qui trame ». À l'époque, même si certaines fonctions sont déjà associées plutôt aux hommes qu'aux femmes (et inversement), chaque terme a une variante féminine et masculine. Il ne semble pas concevable qu'un terme soit considéré comme neutre (le masculin aujourd'hui) et employé indépendamment du genre de la personne. *Apprentisse*, *emperière*, *financière* ou *officière* sont courants au 13e siècle puisque l'idée n'est pas de marquer le féminin « mais la différence des sexes, afin d'éviter les ambiguïtés[19] ». Voilà des décennies qu'on parle de « féminiser » la langue française pour mieux coller aux évolutions sociétales, non sans avoir affaire à un régiment de Jean-Michel Linguistes s'offusquant de l'acharnement des féministes à massacrer leur langue. Cette dernière a au contraire été masculinisée au fil des siècles, par des mecs trop fragiles pour accepter qu'une femme puisse oser être une autrice ou une doctoresse. Ce forcing organisé et institutionnalisé a réussi à évincer progressivement les femmes de la langue et surtout, des postes qui ne devaient pas ou plus leur revenir. *Braceresse* disparaît au profit de *brasseur*, même si aujourd'hui le terme *brasseuse* s'est imposé dans les pays francophones (non sans avoir droit, de temps à autre, à des « femmes brasseurs »).

Comment les femmes ont-elles pu être écartées du métier au point qu'aujourd'hui l'image d'Épinal du brassage de bière reflète celle d'un homme ? Répondre « la misogynie » et clore ce chapitre est presque trop tentant. C'est pourtant bien de cela dont il s'agit au fond. En soi, le fait que le brassage ait été « un truc de nanas » pendant tout ce temps relève déjà du sexisme ou, du moins, de ce qu'on appelle

---

[19] Éliane Viennot, *Non, le masculin ne l'emporte pas sur le féminin ! Petite histoire des résistances de la langue française* (éd. iXe, 2017).

la division genrée du travail[20]. C'est une activité faisable à domicile et peu rentable économiquement : la personne qui doit s'y coller au sein du foyer est donc toute trouvée. Mais à mesure que la notoriété et la rentabilité de l'activité augmentent, ces messieurs commencent à s'y intéresser de plus près.

Cela intervient surtout après la peste noire, en 1350. L'industrie brassicole est bouleversée en Angleterre et en Europe de l'Ouest. Elle s'étend, devient moins domestique et s'industrialise. La population a chuté, le niveau de vie augmente et on consomme beaucoup plus de (bonne) *ale*. Sa commercialisation devient florissante. Le volume de céréales produit pour être attribué au brassage augmentant, le prix des matières premières baisse. Et si la boisson est déjà consommée par les paysan·nes, ouvrier·ères et artisan·es, elle obtient progressivement les faveurs des classes sociales plus aisées et des élites. Le brassage domestique non rentable disparaît peu à peu, laissant place à une industrie basée sur le profit et les gros volumes. C'est notamment l'introduction du houblon dans les recettes qui permet cette avancée et masculinise encore plus la

[20] La sociologue Danièle Kergoat explique que la division genrée du travail « a pour caractéristique l'assignation prioritaire des hommes à la sphère productive et des femmes à la sphère reproductive ainsi que, simultanément, la captation par les hommes des fonctions à forte valeur sociale ajoutée ».

profession (si Hildegarde avait su...), puisque les bières peuvent désormais mieux se conserver. La pasteurisation ajoute une pierre à l'édifice quelques siècles plus tard.

Les brasseuses célibataires se font rares. Seules, elles ont peu de droits, aucune aide financière pour mener leur affaire et n'ont que très rarement des serviteurs à leur disposition pour les aider. Celles qui s'en sortent le mieux sont les veuves qui récupèrent l'entreprise fondée avec leur mari, mais elles sont minoritaires. En 1424, dans une importante guilde de Londres, on compte seulement 9 % de brasseuses célibataires, contre 37 % de brasseries gérées par des hommes et 54 % par des couples. Entre le Moyen Âge et la Renaissance se met aussi en place le « renfermement ». C'est ce retour forcé des femmes au foyer, après une période de relative liberté où elles pouvaient travailler et occuper l'espace public. Pour y parvenir, leur travail est minimisé : « Ce qu'elles produisent est dévalorisé, et le fait qu'elles travaillent dehors engendrerait du désordre, voire de l'immoralité. Pour une société apaisée et bien ordonnée, il faudrait que les activités féminines soient strictement confinées à l'espace privé[21]. » Dans cette atmosphère de moins en moins favorable à leur indépendance, un nouvel

[21] Titiou Lecoq, *Les Grandes oubliées — Pourquoi l'Histoire a effacé les femmes* (L'Iconoclaste, 2021).

événement achève de les marginaliser : la chasse aux sorcières.

Sorcières et brasseuses, un lien indissociable

Le monde médiéval occidental voit naître l'émergence d'un catholicisme de plus en plus puritain, restrictif, misogyne. Dès le 13e siècle, l'Église interdit aux femmes de brasser car elles sont jugées impures à pratiquer un acte si noble. Cela n'empêche pas ces dernières de continuer leur activité, seules ou en couple, et de tenir leurs établissements. Mais elles deviennent rapidement les boucs émissaires idéales de tous les vices de la société, perçues comme la représentation même des problèmes liés à l'alcool, qui sont pointés du doigt par l'Église. Nées « d'une peur devant la place grandissante que les femmes occupaient alors dans l'espace social[22] », les chasses aux sorcières se sont principalement déroulées entre le 16e et le 17e siècles, sous l'impulsion de l'Église. Quel rapport avec les brasseuses ? Pour plusieurs historien·nes, l'iconographie de la sorcière que l'on connaît aujourd'hui serait en partie héritée des brasseuses[23]. Le chapeau haut et pointu est porté par ces dernières pour être repérées par

---

[22] Armelle Le Bras-Chopard, *Les Putains du Diable — Le procès en sorcellerie des femmes* (Plon, 2006).

[23] « *Women used to dominate the beer industry — until the witch accusations started pouring in* » (*The Conversation*, 5 mars 2021).

les clients au sein des marchés[24]. Elles se tiennent devant leur grand chaudron, fourquet en main pour mélanger l'eau et le malt lors de la confection du breuvage. Le balai — ou bâton — est utilisé au-dessus des portes des établissements pour indiquer que de la bière est disponible à l'intérieur. L'image de la sorcière est également indissociable de son chat noir, qu'elle possède comme une sorte de démon familier. Les brasseuses ont souvent un chat pour éloigner les souris attirées par les céréales. Encore aujourd'hui, de nombreuses brassèries possèdent un félin pour protéger leur stock de malt des rongeurs. De même, des écrits et illustrations représentant des brasseuses font fortement penser aux sorcières. Comme le fameux poème de 1517 de John Skelton, *The Tunning of Elynour Rumming*, où il décrit la *alewife* Elynour comme une femme laide au nez crochu, verruqueux, et à la peau flasque. Elle serait une mauvaise brasseuse qui trompe ses clients, sous-entendant des liens avec la sorcellerie. Une édition de ce texte, publiée en 1624, la représente sous ces traits peu avantageux en couverture de l'ouvrage.

Cependant, pour l'historienne et archéologue irlandaise Christina Wade, le lien ne peut pas être aussi clairement établi. Sur son blog richement documenté, *Braciatrix*, elle

---

[24] « *The Ale-Soaked Medieval Origins of the Witch's Hat* » (*Vice*, 31 oct. 2018).

note que sur l'une des plus vieilles images figurant une sorcière, datant de 1451, celle-ci ne porte pas de chapeau pointu. Ce chapeau est apparu pour les représenter au 18e siècle, dans un livre pour enfants. L'historienne argue plutôt que les sorcières étaient dépeintes nues ou avec les tenues portées par les femmes de l'époque : l'origine du chapeau dans leur représentation reste donc incertaine. C'est aussi le cas pour le balai : la spécialiste souligne que les diverses représentations des sorcières les montrent chevauchant aussi bien un balai qu'une pelle, un râteau, des animaux et parfois même sans aucun accessoire. L'écrivaine américaine Rosemary Guiley, spécialiste de l'occulte et du paranormal, n'a trouvé aucune évocation de balai dans les procès pour sorcellerie britanniques. Des mentions qui apparaissent cependant en France, par exemple, renforçant l'idée que les sorcières n'étaient pas représentées de la même manière dans tous les pays et que les origines de leurs traits physiques sont multiples. Concernant les chats, cet animal est perçu depuis le 12e siècle environ comme un animal associé au diable et aux hérétiques. C'est d'abord dans ces racines profondément ancrées que s'établit la relation du petit félin avec les sorcières.

Toutefois, le lien entre les brasseuses et l'Inquisition, qui a mené à l'exécution de 50 000 à 100 000 personnes, en grande majorité des femmes[25], est documenté. La bière devenant rentable, elle ne pouvait plus rester entre les mains des brasseuses. Les hommes brasseurs nouvellement installés ont vu la chasse aux sorcières comme une opportunité de faire tourner leur affaire en éliminant rapidement la concurrence. Mais si des *alewives* ont bien été accusées d'être des sorcières, il est compliqué d'en distinguer la cause réelle : l'étaient-elles parce qu'elles étaient brasseuses ou du fait de leur position sociale déclinante ? Dans les documents référençant les procès pour sorcellerie, on ne retrouve pas clairement la mention de brassage comme motif d'accusation. Ce sont les femmes seules ou veuves, vieilles et indépendantes, qui sont les principales cibles de l'Inquisition : les brasseuses non-mariées correspondent bien au profil. En plus, le travail a déjà bien été entamé. Avant les accusations de sorcellerie, de fausses rumeurs sont répandues par les brasseurs pour faire couler les affaires de celles qu'ils considèrent comme des adversaires à abattre. À Canterbury, la *alewife* Christine Colmere voit sa brasserie anéantie en 1413, après que Simon Daniel colporte auprès de son voisinage qu'elle

[25] Le bilan humain de l'Inquisition n'a jamais pu être clairement établi. Ce chiffre s'appuie sur les travaux de Barbara Ehrenreich et Deirdre English. Les femmes représentaient 80 % des accusées et 85 % des condamnées.

a la lèpre (ce qui était faux[26]). En 1540, la ville de Chester interdit aux femmes âgées de 14 à 40 ans de faire et de vendre de la bière. Cette limite d'âge permet d'exclure les femmes considérées comme « sexuellement désirables ». Ces dernières, sans mari pour les contrôler, abuseraient des jeunes hommes, en plus de « voler » le travail des brasseurs qui ont une famille à nourrir. L'Inquisition n'est qu'une arme de plus pour remettre les femmes dans le droit chemin, autrement dit les exclure de toute vie sociale en dehors du foyer et du rôle d'épouse. Et les moutons seront bien gardés.

Parce que faire de la bière et la vendre, c'est une activité extrêmement chronophage. Et ce temps pris par les femmes pour gérer leur business est un temps qui n'est pas consacré à la maison, aux enfants et aux maris. Une autre hérésie pour l'époque — encore bien présente aujourd'hui dans certains esprits, pour lesquels les femmes qui font carrière sont forcément de mauvaises mères. Même les brasseuses mariées, qui semblaient préservées jusque-là, sont accusées de pratiques sexuelles déviantes, de perversion et de triche à l'égard de leur clientèle. Les femmes ne sont définitivement jamais gagnantes, qu'importe leur position. Une chose est sûre, « en anéantissant parfois des familles

[26] Judith M. Bennett, *op. cit.*

entières, en faisant régner la terreur, en réprimant sans pitié certains comportements et certaines pratiques désormais considérées comme intolérables, les chasses aux sorcières ont contribué à façonner le monde qui est le nôtre. Si elles n'avaient pas eu lieu, nous vivrions probablement dans des sociétés très différentes[27] ». Des sociétés où, peut-être, la brasseuse serait toujours la norme et non l'exception.

Cachez ce sang que je ne saurais voir

Alors que c'est la division genrée du travail qui conduit à l'origine les femmes à produire de la bière, c'est ce même principe qui les écarte ensuite de la pratique. Marrant comme les curseurs peuvent être facilement déplacés pour coller aux désirs des hommes. Tantôt afin de faire trimer bobonne pour nourrir la famille avec de la bonne *ale*, tantôt pour reprendre le business et s'accaparer le pactole et la gloire.

Avec la Révolution industrielle, la fabrication de la bière change du tout au tout. Les innovations techniques entraînent la construction d'usines vastes et coûteuses, contre lesquelles les petites brasseries traditionnelles ne résistent pas longtemps. Elles ne peuvent non seulement plus suivre en quantité de production, mais aussi en qualité.

[27] Mona Chollet, *Sorcières — La puissance invaincue des femmes* (Zones, 2018).

Pour tenir ces industries, les hommes sont formés dans des écoles spécialisées : en France, il y a l'École de brasserie de Nancy ou l'École des industries agricoles de Douai. Nous sommes alors à la fin du 19e siècle et, manque de bol, le milieu universitaire restera majoritairement interdit aux femmes jusqu'au milieu du 20e. Ces dernières ne sont nulle part sur les trombinoscopes de ces grandes écoles, nulle part sur les clichés des équipes de brasseries. À la limite, on peut les trouver à des postes tels que le conditionnement, ou encore au service dans les tavernes, mais elles deviennent *persona non grata* dans les salles de brassage. Et il y a une raison à cela : leurs menstruations. Enfin, plutôt la diabolisation des menstruations, notamment par les trois principales religions monothéistes : « La menstruation est une souillure », nous dit le Coran. « La femme qui aura un flux, un flux de sang en sa chair, restera sept jours dans son impureté », affirment la Bible et la Torah. Dans toutes les civilisations à travers le monde, les femmes ont été exclues — et le sont parfois encore — de l'école, du travail, des instances politiques et même du foyer pour cette raison.

N'avez-vous donc jamais entendu dire qu'une femme qui a ses règles fait tourner la bière ou le vin ? « Dans diverses parties de l'Europe, on croit encore que si une femme, au moment de ses règles, entre dans une brasserie, la bière s'aigrira ; si elle touche de la bière, du vin, du vinaigre ou du lait, ils tourneront ; la confiture qu'elle fait ne se conservera pas[28]. » Ces interdictions ne se cantonnent pas à des civilisations lointaines et archaïques, comme on aimerait parfois le penser avec notre vision eurocentrée. « Tous les brasseurs alsaciens connaissent cette croyance », selon laquelle une personne menstruée provoque une infection et fait tomber le *Kraüsen*[29], souligne l'anthropologue Bertrand Hell. Elle n'a même pas besoin de se baigner de tout son sang dans la cuve de fermentation, sa simple présence au sein de l'établissement provoquerait cette mystérieuse alchimie. Un brasseur alsacien affirme même avoir tenté l'expérience et confirmé l'effet avec la complicité d'une amie[30]. On aura tout entendu.

Cette croyance et, de ce fait, cette interdiction, ne datent pas d'hier. En 1616, dans *Die Bewerte Bier Künste* de Justus Stengel, les femmes menstruées font partie des causes les plus fréquentes d'une bière qui tourne, entre une cave trop chaude et un mauvais brassage… L'ethnologue Yvonne Verdier établit un lien plus profond pour expliquer ces superstitions. La période de fermentation de la bière est

[28] James George Frazer, *Le Rameau d'Or* (1890).

[29] Le Kraüsen est la mousse épaisse qui se forme sur la bière lors de la fermentation.

[30] Bertrand Hell, *op. cit.*

considérée comme une espèce de période de gestation du breuvage, afin d'arriver à sa forme finale. Or, une femme qui a ses règles, c'est une femme qui n'est pas enceinte, qui a mis fin à toute possibilité de gestation. Non fertiles, ces femmes « entraveraient tout processus de transformation rappelant une fécondation ». Elles cassent donc la « gestation » de la bière dans son fermenteur. Dès lors, il semble bien difficile pour ces dernières d'intégrer une brasserie...

Maintenir l'exclusion des femmes

On pourrait se dire que tout ça, c'est du passé. Les femmes ont des droits maintenant, elles travaillent, elles ont retrouvé leur digne place dans la société, non ? Pourtant, de nombreux freins persistent et les écartent encore aujourd'hui du brassage. « Les femmes — que ce soit pour des raisons religieuses, politiques, des lois, des usages — ont moins accès à la propriété, ont moins accès aux prêts et ont moins accès à l'éducation et aux techniques », explique la journaliste et autrice Nora Bouazzouni dans le podcast *Les Couilles sur la Table*. Elle poursuit : « Sur la productivité, ne pas avoir accès à des prêts, c'est ne pas avoir accès à des machines. Ne pas avoir accès à l'éducation, c'est ne pas avoir accès à de nouvelles technologies et à de nouveaux savoirs. Ne pas avoir accès aussi à la politique locale (...) c'est ne pas avoir de pouvoir politique, d'influence sur les lois, sur l'économie. » Si on se demande pourquoi les brasseuses ont disparu à partir du 19e siècle, la réponse se trouve en partie ici.

Au Moyen Âge et à la Renaissance déjà, sans accès au capital et à la propriété, les brasseuses européennes sont dépendantes de leurs maris. Le veuvage est la seule porte de sortie pour grappiller un peu d'indépendance, même si ces dernières configurations finissent par disparaître au profit des industriels. Les femmes seules brassent chez elles et vendent leur bière ainsi : difficile de concurrencer ceux qui peuvent se permettre de bâtir une entreprise florissante dotée des dernières machines à la pointe de la technologie.

Quand certaines pointent du doigt le peu de femmes dans le milieu, une remarque récurrente a tendance à fuser : « Mais vous n'avez qu'à lancer votre brasserie au lieu de jouer les victimes ! » Et qu'elles mangent de la brioche aussi ? Ou comment occulter une répétition de faits historiques avérés : à savoir, pour commencer, le statut juridique et social des femmes à travers les siècles, systématiquement inférieur ou presque. Car si la Révolution française de 1789 semble redonner une vraie place aux femmes dans la société, Napoléon leur donne le coup de grâce en 1804, avec son Code Civil. « La situation des femmes françaises devient une des pires d'Europe[31] », puisque le Code retire la capacité civile aux femmes mariées. Concrètement, une fois le mariage célébré, les femmes sont considérées comme mineures aux yeux de la loi et ne peuvent rien faire sans l'autorisation de leur époux, comme travailler, ouvrir un compte, choisir leur domicile (ou le quitter), aller en justice, passer des examens, etc. Et même si Monsieur, dans sa grande bonté, autorise Madame à travailler, c'est lui qui va percevoir ses salaires. *Put a ring on it*...

Retrouver l'égalité aux yeux de la loi va prendre du temps. En France, leur capacité juridique leur est rendue en 1938. Elles peuvent disposer de leur salaire à partir de 1907, mais ne sont autorisées à gérer leurs biens et à travailler sans l'autorisation de leur mari qu'à partir de 1965 (un an plus tôt en Angleterre) et à avoir un compte en banque à leur nom en 1967. Difficile de fonder un empire brassicole si Monsieur n'autorise pas Madame à travailler en dehors du foyer — car le travail domestique, lui, n'était et n'est toujours pas rémunéré.

Et que dire de l'impact colossal des deux Guerres mondiales sur l'emploi des femmes. Ce n'est un secret pour personne, les hommes étant envoyés au front, les femmes doivent

[31] Mathilde Larrère, *Rage against the machisme* (éd. du Détour, 2021).

travailler dans les usines (elles y travaillaient déjà avant cela, mais pas aussi massivement). Elles y gagnent de l'argent, bien que les salaires ne soient pas mirobolants, et surtout une relative indépendance. De courte durée : après 1945, 80 % des femmes ont perdu leur emploi[32] puisqu'elles sont contraintes de rejoindre rapidement le foyer pour repeupler la nation, s'il vous plaît.

Aujourd'hui encore, malgré ces nombreux droits enfin acquis (ou retrouvés), les freins à la création d'entreprise restent réels pour les femmes. Ces dernières gagnent toujours 25 % de moins que les hommes en moyenne en 2020 (et autour de 10 % à travail égal). Moins d'argent, donc moins d'accès aux prêts. Pour acheter une maison par exemple, les femmes seules empruntent moins souvent que les hommes seuls, plus tardivement et des sommes moins élevées. Après avoir vu quatre banques, Sarah Morand, gérante de la Brasserie du Phare en Seine-Maritime, n'a pas réussi à obtenir un prêt pour monter son entreprise : « J'avais un projet en 500-1000 litres, mais pour le prêt ils voulaient des garanties que je ne pouvais pas fournir. » Étrangement, son interlocuteur est soudain plus réceptif au projet quand elle vient accompagnée de son père. Mère célibataire, Sarah Morand a aussi eu droit de la part de certains banquiers à des phrases

---

[32] *Ibid.*

du genre : *Mais qui va s'occuper des enfants ?* « Qu'on te mette dans la gueule que tu es maman solo pour ne pas te prêter d'argent, ça fait mal », déplore la brasseuse. « Si j'avais été un homme on aurait sûrement trouvé ça génial que je souhaite entreprendre pour offrir un meilleur avenir à mon enfant. »

En voulant se lancer dans le brassage, les femmes se frottent en effet à une autre difficulté : comment convaincre les banques et investisseurs de leur prêter de l'argent pour une activité considérée comme masculine. Pour nombre d'entre eux, le métier serait toujours trop physique pour les femmes : port de charges lourdes, dangerosité (risques de brûlures et blessures diverses), journées de production longues et intenses. C'est vraiment mal connaître le quotidien et la vie des femmes que de les penser inaptes à brasser pour ces raisons. Alê Kali, brasseuse et fondatrice de La Béglaise, en Gironde, balaie cette affirmation d'un revers de la main : « Brasser c'est dur, qu'on soit un homme ou une femme, l'objectif est justement de réduire la pénibilité. » Pour Gaëlle Scholtus, en pleine création de sa brasserie à l'heure où j'écris ces lignes, l'aspect physique et technique n'est pas un frein : « Dans ma brasserie, j'aurai un poste de travail adapté à mon physique. Je n'ai pas envie de m'user et de n'être plus bonne à rien dans dix ans. » Même vision pour Véronique Lanceron et Véronique Vérisson, fondatrices de la microbrasserie Y'a une sorcière dans ma bière, à La Réole (Gironde) : « Si les hommes ont supposément plus de muscles que les femmes, nous on réfléchit peut-être plus : on vide les sacs de malt en deux fois, et on n'a pas mal au dos le lendemain ! » C'est quoi le plus utile dans une brasserie finalement, des gros bras ou des gros cerveaux ?

En 2019, sur les 815 257 nouvelles entreprises recensées (micro-entreprises, sociétés, entreprises individuelles), 71 % ont été fondées par des hommes. Et si en 2020, 39 % des entreprises individuelles étaient créées par des femmes, c'est surtout dans le domaine du *care*, mal rémunéré et peu reconnu socialement : les femmes sont à l'origine de 74 % des entreprises dans l'action sociale et 71 % des services au ménage[33]. Sans la confiance des banques et des investisseurs, ces dernières montent leur affaire avec les moyens du bord, en se contentant de ce que l'argent épargné peut leur permettre de s'offrir. Abandonnant à contre-cœur son projet d'origine, Sarah Morand a finalement acheté une station de brassage de 150 litres « avec les indemnités de [sa] rupture conventionnelle » mais elle « ne peut pas en vivre pour l'instant ». Les chiffres indiquent pourtant

[33] « Un nouveau record de créations d'entreprises en 2020 malgré la crise sanitaire » (Insee, fév. 2021).

que les entreprises créées par des femmes font moins faillite que celles fondées par des hommes (3,1 % contre 5 % en 2019) et sont plus rentables : elles affichent un excédent brut d'exploitation de 8,4 % contre 6,4 % chez les hommes, d'après le Palmarès Women Equity de 2020. Les entrepreneuses savent qu'elles doivent bosser deux fois plus que les hommes pour obtenir une reconnaissance et une légitimité à peine égales, ce qui se perçoit rapidement dans les résultats de leurs sociétés.

Le constat actuel, c'est que les brasseries créées par des femmes sont en général de plus petites structures que celles lancées par des hommes. Elles se développent moins rapidement et sont peu sur le devant de la scène. Ce n'est pas parce que leurs bières sont de moins bonne qualité, loin de là. Des investissements moindres entraînent forcément une production plus faible. Impossible alors d'arroser tout l'hexagone : ces brasseries sont surtout ultra locales, bénéficient d'une visibilité limitée à l'échelle nationale et reçoivent peu d'invitations dans les festivals spécialisés. Ironie dont on se passerait bien, ce sont celles qui ont monté leur affaire avec leur conjoint qui sont dans des brasseries plus importantes (en termes de quantité de production et donc, souvent, de notoriété). La situation a-t-elle si peu évolué depuis l'époque des *alewives* ?

2. DE PRODUCTRICES À PROMOTRICES

Pas d'inquiétude, même si elles ont été écartées de la fabrication, les femmes n'ont jamais disparu du monde de la bière. Elles sont même restées très présentes à travers les décennies qui ont suivi leur éviction des salles de brassage. Leur rôle a juste légèrement changé. Avec l'avènement de la publicité, elles sont devenues les promotrices d'un produit fait par les hommes, pour les hommes. Le *glow down* est réel.

Vendre de la bière avec des (corps de) femmes

Dès la fin du 18e et le début du 19e siècles, les femmes débarquent sur les affiches publicitaires pour vendre de la bière. Au départ, ces dernières sont montrées en tant que consommatrices, souvent bourgeoises. Les grandes brasseries de l'époque font appel à des artistes reconnus pour leurs réclames, comme Alphonse Mucha en 1897 pour la brasserie de la Meuse à Bar-le-Duc. Une femme raffinée à la longue chevelure rousse pose avec une couronne de fleurs dans les cheveux et une choppe à la main. Elle rappelle Cérès, déesse de la moisson et de la fertilité. L'iconographie est belle — et déjà considérée comme sensuelle selon les mœurs de l'époque — et l'objectif est avant tout de montrer la richesse et le raffinement de l'entreprise. Mais l'image d'une serveuse en tenue traditionnelle et au décolleté pigeonnant est souvent accolée à la grosse bâtisse qu'est la brasserie. Non seulement on a la plus grosse (usine), mais en plus on a la plus belle gonzesse pour vous servir, nous disent déjà les industriels de la bière.

Dès les années 1920, la publicité s'appuie sur l'essor des sciences sociales pour parfaire son message et cibler un public précis : « C'est l'émergence du marketing qui va pousser les annonceurs à une première segmentation des cibles[34] » avec l'utilisation des stéréotypes, notamment de genre. Le début des emmerdes, donc. Comme les femmes sont celles qui gèrent la bonne tenue du foyer (remplir le frigo, astiquer la cuisine, changer les couches des mioches et plier les slips du mari) et qu'elles doivent en plus prendre soin d'elles (pas de laideron à la maison), les publicités s'adressent directement à elles. Une première qui les flatte, malgré les messages véhiculés souvent réducteurs et sexistes. C'est un véritable cercle vicieux : la publicité s'inspire des rôles ultra-genrés en les poussant à l'extrême, influençant à son tour le public, qui

[34] Léa Lejeune, *Féminisme-washing, quand les entreprises récupèrent la cause des femmes* (Seuil, 2021).

les reproduit. Ainsi se perpétuent les stéréotypes les plus avilissants.

La figure de la ménagère, à son apogée dans les années 50, est et restera toujours la cible préférée des publicitaires. Aujourd'hui, elle s'appelle la *digital mum* pour faire un peu plus moderne, mais on parle bien de la même personne. Dans le couple hétéro, si le mari est considéré comme le « chef de famille », c'est l'épouse qu'il faut convaincre et pousser à la dépense. Ça tombe bien, à cette époque, le rôle de la femme « dans la vie est de tout donner autour d'elle, confort, joie, beauté, tout en gardant le sourire, sans faire figure de martyre, sans mauvaise humeur, sans fatigue apparente », explique sans broncher *l'Encyclopédie de la femme*, publiée chez Nathan en 1950. C'est sur cette corde sensible que viennent surfer les publicités, dont celles pour la bière. « J'aime ma femme. J'aime la Kronenbourg. Ma femme achète de la Kronenbourg par six. C'est fou ce que j'aime ma femme », nous dit un homme en peignoir et charentaises, confortablement installé dans son fauteuil, verre à la main. « Faut y retourner, t'as oublié ma Porter 39 », balance un autre tocard — lui aussi peinard dans son canap' — à son épouse qui rentre des courses, cabas et baguette sous les bras. Allez la boniche, plus vite que ça ! Sur ces deux affiches de 1968 et 1950, le message est on ne peut plus clair : on explique à la ménagère que si elle achète de la Kro ou une Porter au gosse qui lui sert de mari, il sera un homme comblé et continuera de l'aimer. Les publicitaires sont en réalité de grands romantiques.

Et si on associait la couleur de la boisson à la nana qui la présente ? C'est l'autre idée lumineuse des marketeux, et il n'y a certainement pas pire manière d'aliéner les femmes qu'en les comparant ainsi à un produit. Elles ne sont plus des êtres humains avec une individualité et une personnalité. Elles sont juste une chose, un truc qui rappelle et appelle le produit. Comme si, en buvant une bière « blonde », vous aviez aussi la pin-up type Marylin Monroe qui vous la présente sur l'affiche. C'est toute l'association d'idée qui doit se faire dans la tête du consommateur : me procurer l'objet me donne une chance de me procurer la femme. « Une rousse de caractère est très vite chaude (buvez-là tant qu'elle est fraîche) », balance sans ambiguïté Grimbergen pour vendre sa Roussa. On peut même donner à la bière un nom féminin pour appuyer un peu plus cette idée de possession. Et si vous pensez que tout ça, c'est resté au siècle dernier, la microbrasserie belge Une Bonne Pipe, lancée fin 2019, donne à chacune de ses bières un prénom de femme. Je pense avec colère à celles se prénommant Agathe ou Simone, qui se voient offrir une bière « une bonne pipe de mademoiselle Simone/Agathe » par un type de leur entourage trouvant cela hilarant. Ou les serveuses à qui on demande « une bonne pipe » derrière le comptoir. Peut-on faire plus dégradant ? Contacté, Marc Leonard, co-fondateur de la microbrasserie, explique sans rire que le nom a été « mûrement réfléchi » : ils ont testé « plusieurs noms, comme "la Congolaise", "la Belle d'été" et beaucoup d'autres. Nous avons dû renoncer (parce que ça a été jugé) raciste, sexiste... » Mais « Une bonne pipe » semble étrangement être passé entre les mailles du filet. Pour lui, le choix d'un nom provoquant, « à prendre au premier degré », doit mener à « une vente facile ». Quant à ses opposant·es, Marc Leonard assure qu'ils et elles changeront d'avis à la sortie de leur bière triple, « qui portera un nom d'homme ». Je n'ai pourtant pas de mal à imaginer les rires et blagues homophobes à destination des hommes qui choisiront cette fameuse bière au prénom masculin... Heureusement que c'est une triple, histoire de conserver un minimum de virilité.

Femvertising ou femme-objet

Rassurez-vous, les services marketing des multinationales savent retourner leur veste quand cela s'avère nécessaire. À partir des années 80, un nouveau concept arrive dans la publicité : le *femvertising*, contraction de « *female* » (femme) et « *advertising* » (publicité). C'est « un concept qui incorpore des images diverses, alternatives et valorisantes de femmes en s'éloignant des vieux stéréotypes de genre[35] ». Si certaines pubs paraissent plus inclusives et moins sexistes, c'est parce que les entreprises suivent les tendances pour vendre leurs produits et conserver ou améliorer leur image de marque. Si les femmes sont toujours celles qui gèrent le foyer, elles ne se considèrent plus comme de parfaites ménagères, ou du moins ont plus de mal avec cette image rétrograde. Depuis 1968, quelque chose a changé. Elles veulent être mieux représentées et respectées, voir plus de femmes qui leur ressemblent.

Problème, si les évolutions sont notables dans les pubs sur l'alimentation ou la beauté, la bière est toujours destinée à un public masculin et hétéro. En 1981, dans une ambiance saloon et cowboy, Busch débarque en France avec un slogan on ne peut plus clair : « Busch, la bière des hommes de l'Ouest. » Virilité et bières fraîches sont de la partie, sans une femme à l'horizon (c'est vraiment méconnaître le potentiel homoérotique des cowboys quand même). Ce n'est pas plus mal car, quand il y a des nanas, leur représentation n'est pas glorieuse. Pour promouvoir sa bière Gold en 1984, Kanterbrau met en scène, sur une musique digne des meilleurs pornos des années 80, une

[35] *Ibid.*

femme irrésistiblement attirée par cet homme se servant « une bière en or ». On ne nous prendrait pas un peu pour des idiotes vénales ? Avec un sursaut d'ouverture d'esprit et sur les paroles de Robert Palmer (« *Every kinda people, to make the world go 'round* »), Heineken crée la même année une publicité se déroulant dans un bar avec des hommes, des femmes, des Noirs, des Blancs, des cadres et des classes moyennes. Enfin, on ne va quand même pas se priver d'un gros plan sur la poitrine de la serveuse, tandis que la voix off nous susurre : « Heineken, pour tous ceux que la bière fait rêver. » En 1986, une nouvelle version de la publicité supprime ce passage. Ce n'est pas trop tôt.

Mais le repos sera de courte durée, car les années 90 arrivent, avec l'avènement d'un nouveau style publicitaire : le porno chic. En clair, la femme passe du statut de parfaite ménagère à celui de femme-objet, quelle ascension ! Cette esthétique réduit les femmes à des parties de leur corps, souvent dénudées. Ces dernières deviennent un accessoire de plus pour promouvoir un produit, effaçant totalement toute personnalité. Dans les publicités pour la bière, le porno n'est même pas chic. Les associations sont purement graveleuses, et les corps féminins, comparés à une pinte ou à une bouteille, ne sont pas présentés de manière raffinée, loin de là. En septembre 2000, le collectif féministe

Les Chiennes de garde publie son manifeste contre la publicité sexiste, dans lequel ses membres s'insurgent : « Les publicitaires utilisent hors de propos l'image du corps, surtout celui de femmes, et des scènes de sexualité ou de violence. Sous couvert de "création", ils nous imposent leurs normes et leurs fantasmes. Les publicitaires renforcent les clichés sexistes en enfermant les femmes dans des rôles : "maman ou putain", "femme-enfant ou salope", "ange ou démon", "maîtresse ou esclave", "ménagère ou femme-objet", etc. »

Dans ces publicités, les femmes correspondent en tout point aux standards de beauté de notre société occidentale. Comprendre : elles sont majoritairement blanches, grandes, minces, valides, présentées et pensées pour une sexualité hétéro. Et si ce n'est pas le cas, ce n'est pas pour plus de diversité. Vous prendrez bien une petite pinte de racisme ou de grossophobie avec votre sexisme ? En 2015, SweetWater, une brasserie d'Atlanta, sort la Happy Ending, un imperial stout affichant sur sa canette une geisha et une boîte de mouchoirs avec le visage de Paul Kirbabas (le directeur des ventes de la brasserie) accolé à la phrase « Elle donne le sourire à Kirbabas ». Pour celles et ceux qui ne le savent pas, aux États-Unis, certains salons de massage où travaillent principalement des femmes asiatiques ou asioaméricaines proposent des *happy ending massages*[36]. Concrètement, le massage se termine en masturbant la clientèle. Ce cliché, teinté de fétichisme et de racisme, de la geisha soumise et docile donnant une *happy ending* sur la canette de SweetWater est purement abject[37]. Si certain·es osent encore penser que cette représentation sur une étiquette de bière n'est qu'une illustration inoffensive, elle participe et entretient pourtant les discriminations dont sont victimes les femmes asiatiques. Le 16 mars 2021, Robert Aaron Long, un homme blanc de 21 ans, fait feu dans trois salons de massage d'Atlanta, tuant huit personnes, dont six femmes asiatiques (principalement d'origine coréenne). Avec des motivations racistes et misogynes, le tueur explique à la police avoir voulu « éradiquer la tentation ». Que ces femmes soient des travailleuses du sexe ou non (elles ne l'étaient d'ailleurs pas) n'est même pas le sujet pour le tireur. C'est ce qu'elles représentent selon lui qui est important, et cela a largement été alimenté par des décennies de clichés dangereux disséminés dans notre sphère sociale et culturelle. Désolée de casser l'ambiance si vous pensiez juste lire un livre fun qui se moque des gros beaufs de la bière, mais voilà la réalité perpétuée

[36] Il y en aurait neuf mille à travers les États-Unis.

[37] Quand des cavistes ont refusé de mettre en boutique la canette, la brasserie a modifié son étiquette.

consciemment ou non par toute une industrie — et je parle là aussi bien de la bière que des médias en général.

Sexualisation, fétichisme et exotisme colonial à outrance des femmes noires, arabes et asiatiques, et autres associations discriminantes, sont monnaie courante. « *Brown never looked so tasty!* » chez Banks Beer, la bière de la Barbade qui promeut sa bière ambrée avec une femme caribéenne dont on voit uniquement le corps et un bout de la chevelure noire frisée — rappelez-vous, les femmes n'ont pas de visage sur ces affiches, juste des corps fantasmés et érotisés. Chez la brasserie belge Millesvertus, la IPA Pot'âme (l'hippopotame) affiche une femme grosse, car c'est une bière « généreuse », à 16°. « Oseriez-vous l'offrir à une amie bien en formes et en forme ? » nous tease l'entreprise sur son site, au cas où on n'aurait pas saisi le message. En août 2021, c'est la brasserie québécoise Archibald qui ose tout pour promouvoir ses canettes de 473 ml : « Les vendredis, tape-toi une grosse de 17 à 21 heures », pouvait-on lire sur de grandes affiches. Parce qu'ils n'ont visiblement honte de rien, les représentants bafouilleront ensuite : « Nous regrettons et nous nous excusons pour toute l'ambiguïté qui a conduit certaines personnes à l'interpréter comme faisant référence aux femmes. » On ne nous prendrait pas un peu pour des andouilles ? Culotté de la part d'une entreprise qui excelle dans l'art de mettre en scène des femmes — avec ses bières Chipie, Joufflue ou encore Désirée — de jouer la carte de l'incompréhension.

Mais tout est bon pour associer les femmes à des objets sexuels ambulants, y compris la forme de la bouteille elle-même, qui va jusqu'à rappeler le phallus dans certaines publicités. En juin 2021 débarque sur Instagram la bière Zigounette. Avec un packaging rose, la marque fait sa communication sur les réseaux en mettant en scène uniquement des femmes (dont on ne voit toujours pas le visage) qui tiennent fermement la bouteille dans les mains. Le slogan de l'entreprise est justement « Tiens-la bien ». Les commentaires pointant du doigt cette communication dégradante sont supprimés. En février 2021, la brasserie Order of Yoni sort sa nouvelle bière, la Riae (du nom de la modèle qui pose sur l'étiquette et assure la promotion du produit). Dans la vidéo de lancement de cette boisson à la couleur bleue (comme les cheveux de Riae), la bouteille se retrouve d'abord entre ses fesses, entre ses seins, puis dans sa bouche, mimant une fellation puis l'éjaculation avec le liquide lui coulant sur le visage. On peut difficilement faire plus explicite. Et si ce nom vous dit quelque chose, c'est parce que Order of Yoni — qui appartient au groupe polonais Start Media International — a fait parler d'elle en 2018 en utilisant des bactéries prélevées sur les muqueuses du vagin pour réaliser leurs bières. « Imagine la femme de tes rêves, l'objet de tes désirs. Son charme, sa sensualité, sa passion. Goûte-la, sens son odeur, écoute sa voix. Maintenant, libère tes fantasmes et imagine qu'avec un coup de baguette magique tu peux l'enfermer dans une bouteille de bière », nous lance la campagne de pub pour Monika, « la blonde », et Polina, « la brune ». L'idée est simple, elle est toujours celle de la possession : la femme devient l'objet sexuel par excellence dont tu pourras te délecter en buvant ta bière. « Nous avons découvert le processus de transmission de son essence et de sa féminité, de ses instincts en isolant l'acide lactique des bactéries contenues dans son vagin » : l'essence qui fait de vous des femmes, mesdames, se trouve dans votre vagin. Encore une vision tellement étriquée de la féminité, réduite à des organes génitaux, et qui invisibilise au passage les personnes intersexes et transgenres.

L'ironie de toute cette mascarade, c'est que le sexe ne fait pas vendre, même pas aux hommes cis hétéros, qui sont toujours la cible de ces publicités racoleuses et peu imaginatives. Et certainement pas aux femmes qui, elles-mêmes, savent qu'elles méritent mieux que ça (et si vous ne le savez pas je vous le dis : vous valez mieux que ça). Une étude menée en 2020 par des chercheuses italiennes s'est intéressée à l'effet des publicités sexualisées sur l'attractivité et l'intention d'achat des consommateur·rices[38]. Pour l'étude, ces dernier·ères ont regardé cinq publicités neutres ou sexualisées. Les produits en question étaient une cuisine, de la bière, un matelas, de la mozzarella et des lunettes. Dans chacune des publicités sexualisées, une femme est montrée avec « un comportement sexuel très suggestif (c'est-à-dire dans des poses provocantes et révélant plus ou moins de nudité, des caractéristiques couramment utilisées pour définir la sexualisation) ». Les chercheuses précisent que « les modèles féminines étaient blanches et rentraient dans l'idéal de beauté mince ». Les résultats ne se font pas attendre : les femmes participant à l'étude ont moins d'attrait et d'intention d'achat envers les produits présentés dans des publicités où les femmes sont sexualisées que dans leur version neutre. Pour les hommes, que la pub sexualise ou non les femmes, il n'y a pas de différence : ils n'ont pas plus envie d'acheter le produit parce qu'une femme à forte poitrine tente de le leur vendre. Pire encore, ces publicités sexualisées ont un effet néfaste sur les femmes. C'est sûr que se voir constamment représentées

[38] « *Does Sex Really Sell? Paradoxical Effects of Sexualization in Advertising on Product Attractiveness and Purchase Intentions* » (*Sex Roles*, vol. 84, p. 701–719, 2021).

dans des situations et positions dégradantes, ça n'aide pas à améliorer son estime de soi.

Le féminisme washing pour redorer son image

Les brasseries commencent à comprendre qu'à force d'avoir usé et abusé du corps des femmes dans leur communication, s'attirer une clientèle féminine est quelque peu compliqué. Alors il faut faire le ménage, remettre un coup de frais dans la baraque pour donner bonne impression et berner la chalande. Mais on peut mettre autant de couches de peinture qu'on voudra, si le mur de base est moisi, on n'aura jamais un beau blanc sans écailles. Bref, c'est ce qu'on appelle le féminisme washing[39].

Le 8 mars 2019, lors de la journée internationale de lutte pour les droits des femmes, Budweiser embauche trois illustratrices pour revisiter et transformer trois publicités sexistes (diffusées en 1956, 1958 et 1962) en messages positifs d'*empowerment* (ce principe déjà galvaudé par le capitalisme et le féminisme libéral). Sur l'une d'elles, un homme rentre du travail, desserre sa cravate et se sert une bonne bière. Ça tombe bien, bobonne vient de terminer la

[39] Ce terme regroupe les pratiques marketing des entreprises pour donner l'impression qu'elles sont féministes et respectent l'égalité femmes-hommes alors qu'en interne, les femmes sont inexistantes et/ou absentes des postes importants, mal rémunérées, mal traitées, etc.

popote et soulève le couvercle de la gamelle, d'où sortent les bonnes odeurs de victuailles. On est parfaitement dans la tendance de la ménagère. « Notre pays et notre culture ont évolué à travers les époques — et la pub devrait refléter ce changement », fanfaronne l'entreprise qui surfe sur la vague du féminisme washing. Pourtant, en 2015, elle alimentait encore la culture du viol, en affichant sur ses étiquettes de Bud Light la phrase suivante (en anglais) : « La bière parfaite pour éradiquer le "non" de votre vocabulaire le temps d'une nuit. » Enfumage à géométrie variable : se donner bonne conscience en modernisant des publicités des années 50, tout en continuant à reproduire les mêmes stéréotypes misogynes, voire pire, sur des pubs actuelles.

Vous l'aurez compris, le féminisme washing dans la consommation est à double tranchant. Les marques, opportunistes, s'emparent des mouvements féministes en cours pour les incorporer dans leurs réclames et séduire ainsi les consommatrices. D'un côté, cela permet de passer des messages auparavant cantonnés au milieu militant en le diffusant au grand public — dans la limite de l'acceptable, les revendications ne sont jamais extrêmes ; l'idée est surtout d'assurer que tel produit va *libérer la femme*. Mais d'un autre côté, ces publicités pop et fraîches mettent sous le tapis des décennies de communication misogyne, qui ont favorisé les stéréotypes de genre dans la société. Circulez, y'a rien à voir. On peut certes saluer des publicités montrant des femmes en train de boire de la bière, démontant des clichés bien tenaces, mais se questionner sur l'intention réelle de ces entreprises capitalistes. *Spoiler* : ce n'est évidemment pas un désir d'égalité qui les anime.

S'il y a une boîte qui excelle à se construire une meilleure image sur le dos de l'inclusivité, c'est bien Heineken — une des plus grosses puissances brassicoles au monde. En 2020, une publicité de la marque montre un serveur apporter une bière à un homme et un cocktail à une femme, puis on les voit échanger leur commande. Comme quoi, il n'y a pas que les hommes qui ont mauvais goût, les femmes aussi boivent de la Heineken... Blague à part, une des publicités pour la bière qui m'a le plus marquée vient de chez eux, et vous l'avez sûrement vue aussi. Mais si, vous savez, cette pub où, durant sa pendaison de crémaillère, une femme montre son énorme dressing à son groupe de copines qui se met à hurler hystériquement (des meufs, quoi). Puis on entend des cris plus graves à l'autre bout de la maison : monsieur fait la même visite à ses potes, en s'arrêtant devant une pièce réfrigérée remplie de Heineken. Nous sommes en 2008 et je crois que je n'ai rien vu d'aussi stupide. J'ai alors 14 ans, je ne bois pas de bière et encore moins d'alcool, mais je me dis qu'on se fiche vraiment de nous. Et que la bière, ce n'est certainement pas pour moi. Ai-je besoin de citer une énième étude sur l'impact des publicités sexistes sur l'estime de soi des jeunes filles ?

Pour en revenir à notre multinationale néerlandaise préférée, si sur son site français Heineken utilise l'écriture inclusive, il y a derrière cette nouvelle communication une réalité bien moins *female friendly*. En 2018, le journaliste d'investigation néerlandais Olivier van Beemen publie *Heineken en Afrique, une multinationale décomplexée*. Dans son enquête, il évoque notamment la stratégie du groupe pour booster les ventes de la marque Legend, dans les années 2000, en formant les prostituées : « Celles-ci devaient expliquer à leurs clients qu'ils seraient sexuellement plus performants en buvant de la Legend plutôt que de la Guinness, sa principale concurrente. Près de 2 500 travailleuses du sexe ont ainsi été formées. Le système était très efficace puisque les barmans percevaient aussi des commissions en fonction du nombre de capsules de Legend qu'ils rapportaient[40]. » Il évoque encore des cas de vendeuses violées par des responsables de la société en RDC, les liens du groupe avec différents gouvernements, l'optimisation fiscale venant s'assurer que tout ce que rapporte l'entreprise dans les

[40] « Au Nigéria, Heineken a formé des prostituées pour booster ses ventes » (*lemonde.fr*, 6 sept. 2018).

différents pays d'Afrique ne profite pas vraiment à leurs populations, ainsi que le comportement de l'entreprise au Rwanda pendant le génocide des Tutsi en 1994. « Tant qu'il y a de la demande et que nous pouvons produire, ça ne me semble pas à l'ordre du jour », avait indiqué à l'époque un porte-parole de Heineken, concernant une éventuelle interruption de l'activité de leur filiale Bralirwa durant le génocide qui a tué 800 000 personnes. Interrogé par le journaliste, Heineken indique avoir perdu le contrôle de la brasserie rwandaise à cette période, ce que contredit l'ancien directeur Afrique du groupe. Mais ils ont fait une pub avec une femme blanche qui boit de la bière plutôt qu'un cocktail fruité, et ça c'est beau !

On ne demande pourtant pas aux brasseries de changer le monde et de mettre fin à toutes les formes de discrimination. Utiliser leur visibilité pour porter des messages allant contre les stéréotypes en place c'est une chose, mais s'il n'y a aucune action concrète derrière, ça ne tient pas et on préfère s'en passer. Certaines entreprises prouvent qu'il est possible de s'engager sans tomber dans le féminisme washing le plus grossier. En juin 2021, Cloudwater — une des brasseries craft les plus en vogue en Angleterre — s'est par exemple associée à l'association BlaQ & Soul et au Queer Brewing Project en brassant la bière Reign or Shine. L'objectif est de donner de la visibilité et de lever des fonds pour la communauté des femmes noires transgenres. Tous les profits de cette collaboration sont reversés à la Trans Women of Color Collective, une association qui leur vient en aide. Pour parler du projet et sensibiliser sa clientèle aux problématiques des personnes noires et transgenres, Cloudwater a notamment laissé les rênes de son compte Instagram (comptant alors 76 000 abonné·es) à BlaQ & Soul (moins de 1000 abonné·es au même moment) pour répondre aux questions et présenter leurs actions. Mettre sa visibilité et son influence à la disposition de communautés marginalisées qui n'ont habituellement pas accès à cette audience, leur laisser la place et la parole, ça n'a manifestement rien de bien compliqué.

Le raté des « bières pour femmes »

Si les gros groupes brassicoles ont accueilli à bras ouverts le concept de féminisme washing pour attirer de nouvelles consommatrices, c'est parce que la bière souffre de contamination genrée. « C'est lorsqu'un produit est tellement associé à un genre, que l'autre genre ne veut plus l'acheter[41]. » Souvent c'est le cas de produits dits féminins, comme les soins du corps, les yaourts, les salades ou les jus de fruits. Ainsi, faisant face à une baisse des

---

[41] Nora Bouazzouni, *Steaksisme — En finir avec le mythe de la végé et du viandard* (Nouriturfu, 2021).

ventes, l'industrie brassicole se doit désormais d'essayer d'intéresser cette population dont elle se prive, en les ignorant royalement, depuis des décennies : les femmes. Et bien sûr, à force d'avoir ciblé les hommes encore et encore, pas évident de ramener les femmes au bercail.

Ces rois de la bière industrielle ne se sont donc pas découverts une soudaine conscience féministe. Reconquérir les consommatrices n'a pas d'objectif inclusif ou déstigmatisant de la consommation d'alcool chez les femmes. C'est pour vendre plus, tout simplement. Pour ce faire, les brasseries ont eu un éclair de génie : puisque les femmes semblent trouver la bière trop masculine, plutôt que d'arrêter notre com' 100 % mecs, on va leur créer un produit sur-mesure, adapté à leurs petites papilles fragiles.

Karlsberg lancera la gamme Karla et ses bières à 1 % d'alcool, des fruits, un petit cœur sur le packaging et une promesse : c'est la bière qui va améliorer votre santé et votre bien-être. Karla n'est pas restée très longtemps en rayon... Même chose pour Animée, la bière *female friendly* de Molson Coors lancée en août 2011 avec un budget de 2 millions de livres. L'objectif de cette gamme était clairement de s'adresser aux femmes qui ne consomment pas cette boisson : packaging transparent, goût vin rosé ou citron, on a l'impression d'avoir affaire à une limonade plutôt qu'à un breuvage houblonné. Molson Coors aurait carrément pu écrire sur l'étiquette : « Regardez, on est une bière pour femmes. » Le résultat aurait été le même. En septembre 2012, Animée disparaît : « Animée a toujours été vouée à l'échec. On n'a pas besoin de faire des bières pour les femmes, on doit rendre la bière plus accessible aux femmes », a souligné la sommelière britannique Melissa Cole au *Morning Advertiser*.

Mais la plupart des brasseries font cela de manière plus insidieuse. Il n'est pas écrit explicitement sur les bouteilles ou dans les publicités que ces bières sont destinées aux femmes, mais les packagings sont plus fins, élégants, colorés, et les bières fruitées en grande majorité. On pense aux Leffe Nectar ou Ruby par exemple, deux géantes dans la catégorie *bières de filles*. Sur les réseaux sociaux, avec des petits emojis colorés et des images où le rose est omniprésent, on vous parle « d'arômes féminins », de bières « faibles en calories » à accompagner « de légumes croquants, de viandes blanches et d'un dessert léger et crémeux ». Si la cible n'est pas féminine, on se demande bien de qui il peut s'agir.

Et celles et ceux qui imaginent que les bières « pour femmes » sont uniquement le fruit de gros groupes brassicoles ou de « vieux » brasseurs dépassés se trompent. Les prolos misogynes boiraient de la 8.6 en crachant à la gueule des femmes tandis que les *beergeek* seraient les connaisseurs les plus distingués et respectueux qui soient ? À d'autres. C'est bien Mikkeller, brasserie craft danoise surfant sur l'image du *cool kid*, qui a mis en vente une bière « spécialement pensée pour les femmes ». En 2018, en partenariat avec l'entreprise Girls are Awesome, Mikkeller sort la « Female », avec la « blonde » (une bière de blé) et la « brunette » (une bière ambrée). Les étiquettes nous montrent des mains féminines (avec de grands ongles), une blanche pour la première et une noire pour la seconde. Dans une lettre ouverte à l'entreprise[42], la journaliste Lena Rutkowski explique qu'une « bière "male" en forme de pénis aurait été une belle satire de l'objectification principalement vécues par les femmes, pour aider les hommes à comprendre ce que nous vivons. Mais une bière appelée "Female" qui réduit les femmes à leur couleur de cheveux ? L'ironie ne fonctionne pas car l'ironie c'est dire l'opposé de la réalité. Ce n'est pas de l'ironie si on reproduit le même vieux sexisme que l'on voit déjà tous les jours ».

Le choix du partenariat pose aussi question. Girls are

[42] « *Open Letter: The Problem With Female Beer from Mikkeller x Girls Are Awesome* » (*Scandinavia Standard*, 18 août 2018).

Awesome est une entreprise — dont les fondateurs et l'équipe sont principalement des hommes — qui surfe sur l'*empowerment* féminin pour vendre du merchandising vide de sens. Dans son communiqué de presse pour annoncer la collaboration, Mikkeller explique que la « Female » est prévue pour « célébrer la représentation des femmes » dans la bière, sans expliquer comment. L'entreprise aurait par exemple pu mettre en avant des brasseuses et des femmes qui travaillent dans la bière. Mais les seules personnes citées dans le communiqué sont Mikkel Borg Bjergsø, le fondateur de Mikkeller, et Nick Bridge, le co-fondateur de Girls are Awesome. On n'est pas bien là, entres mecs, à réinventer le féminisme ?

Arrêtez d'essayer. Ces bières « pour femmes » sont forcément une mauvaise idée, quelle que soit l'intention de départ. Ces dernières ne font que perpétuer le cliché que les femmes ont besoin de bières brassées exprès pour elles pour se mettre à en consommer, et que les goûts des hommes et des femmes sont intrinsèquement différents — en se basant sur quoi, on ne sait toujours pas. Ce que ces marques nous disent, c'est que « les femmes se préoccupent avant tout de leur apparence lorsqu'elles boivent de la bière — le goût n'a pas d'importance. Ce type de marketing exploite les angoisses (réelles ou imaginaires) des femmes à performer leur féminité[43]. » Un conseil aux brasseries qui aimeraient toucher une clientèle plus féminine serait de faire des bières (bonnes de préférence) et les vendre sans les marketer pour un genre ou un autre, avec une identité visuelle non stéréotypée. Sauf que si ces marques veulent en effet toucher plus de femmes, elles veulent aussi éviter à tout prix que ce soit par le biais de leurs produits marketés comme masculins. Il n'y aurait rien de pire pour ces brasseries, si leur part de clientes augmentait considérablement, sans distinction de produits, que de voir soudain leur image trop associée au genre féminin. Pourquoi ? Parce que les hommes ont beaucoup de mal à consommer des produits perçus comme féminins, alors si la bière en venait à être *contaminée*, les pauvres chéris s'en éloigneraient à coup sûr.

Vers une nouvelle communication

En 2019, la Camra (*Campaign for real ale*), une des plus grosses organisations de consommateur·rices de bière au Royaume-Uni, décide de bannir de ses compétitions et festivals les brasseries aux noms et illustrations sexistes. Son objectif est simple : avec seulement 17 % de

---

[43] « *Omnivorous masculinity: gender capital and cultural legitimacy in craft beer culture* » (*Social Currents*, janv. 2018).

consommatrices régulières de bière en Grande-Bretagne[44], il y a tout un marché à conquérir et reconquérir. « Ça a été un coup de tonnerre pour ces brasseries car être membre de la Camra, ça apporte beaucoup, c'est une organisation qui a une vraie influence politique », estime Amélie Tassin, sommelière et consultante marketing installée en Écosse. La Camra est notamment organisatrice du célèbre Great British Beer Festival; et accueillir les femmes dans un espace où elles ne seront pas ridiculisées et sexualisées sur les étiquettes de multiples bières est un geste fort. Car l'enquête de Dea Latis, collectif britannique de femmes qui font de la bière, montre bien que le frein principal à sa consommation par les femmes, c'est son marketing genré et sexiste. Et si seules 3 % des femmes pensent avoir été influencées par la publicité pour goûter un produit, je ne connais pas beaucoup de nanas qui ont envie de boire un truc sur lequel elles sont représentées en petite tenue, poitrine en avant dans une pose suggestive. « Une bière à connotation sexiste, non seulement je ne la bois pas, mais je ne l'achète pas, et je boycotte la brasserie. Point barre. On est en 2021, si t'appelles ta bière "La Belle Blonde", "La Grosse Brune", "La Rousse qui en veut" ou autres idées bien plus sexuellement connotées, soit t'es con, soit t'as

---

[44] « *The Gender Pint Gap, a study into GB female attitudes and behaviours towards beer* » (*Dea Latis*, 2018).

aucune imagination. Ou les deux à la fois. Le processus de production d'une bière est assez long pour réfléchir correctement à ça et éviter ce genre de dérapage. Donc, non, je ne transige pas », affirme Anne-Line Vernet, caviste à Lyon. On aurait pu espérer que la bière artisanale nous épargnerait les pin-up et autres meufs en bikini assénées par les gros industriels pendant des décennies, mais cette même rhétorique sexiste circule encore dans l'univers craft. C'est précisément en refusant de vendre ce genre de produits dans leurs boutiques, en ne leur donnant aucune place dans les festivals, que les entreprises peuvent faire bouger les choses à leur échelle, et que ces étiquettes disparaîtront, petit à petit. « Une bière à connotation sexiste, raciste, c'est niet », tranche Mathilde Flécher, responsable chez DBI (distributeur des brasseurs indépendants). « On ne les prendra pas dans notre catalogue et on dira aussi aux brasseries pourquoi, que ce n'est pas ok[45]. »

Avec le renouveau de la bière artisanale depuis une dizaine d'années en France, un changement s'est tout de même opéré. Certaines brasseries qui sortent des schémas traditionnels ne marketent pas ou plus leurs produits pour les hommes ou les femmes. Très actives sur les réseaux,

---

[45] Propos tenus lors de la table ronde « Quelles places occupent les femmes dans l'évolution du milieu brassicole », le 25 sept. 2021, au festival Nantes sous Pression.

ces entreprises annoncent leurs nouveautés en mettant en avant leurs bières pour leur style original, les ingrédients qui la composent (houblons aromatiques tendance, grosse dose de fruits) ou son processus de fabrication (vieillissement en barrique, fermentation spontanée). C'est peut-être aussi une des raisons qui fait leur succès ? Personne n'est visé en particulier et tout le monde peut s'y retrouver. Une bière qui aurait naguère été segmentée au seul public féminin se voit présentée comme la dernière pépite de la brasserie, et tout le monde se l'arrache.

« Les étiquettes sexistes, il y en a de moins en moins et on commence à connaître les brasseries qui les font », souligne Carol-Ann Cailly, sommelière en bières et créatrice du blog Hoppy Hour. Mais une nouvelle problématique survient : les femmes ont presque totalement disparu des étiquettes. À croire que si on ne peut pas les sexualiser, il ne sert plus à rien de les représenter. « Aujourd'hui il faut regarder et s'interroger sur la façon dont sont représentés les hommes sur les bouteilles et canettes », explique la professionnelle. Barbus musclés et tatoués, aventuriers téméraires, génies scientifiques ou portrait du brasseur en mode *egotrip* : les hommes ont le beau rôle en tête de gondole des étalages des cavistes, dans des mises en scène de masculinité puissante. Par peur d'être taxées de sexistes ou par pur désintérêt, les brasseries ne font même plus l'effort d'imaginer une représentation valorisante des femmes sur leurs étiquettes. Un petit tour dans ma cave à bière confirme la faible présence de visages féminins sur mes canettes. Sans tomber dans le cliché dégradant (celles-là, je ne les achète pas), les femmes restent cantonnées aux bières fruitées et acides, tandis que les hommes capitalisent toute la gamme, du stout à la bière blanche. Si je ne connais pas une brasserie, c'est le graphisme de l'étiquette qui peut m'interpeller et me conduire à l'achat. Quand j'ai vu une guerrière *badass* sur la Zwandania, un imperial stout au spéculoos de la brasserie nantaise La Nautile, elle s'est retrouvée illico dans mon panier. Entendons-nous bien, le contenu reste le plus important dans l'histoire. Mais si le contenant est merdique, tu auras beau faire la meilleure bière du monde, je ne dépenserai pas un centime pour l'acheter. L'expérience me souffle tout de même que si certain·es s'abaissent au genre d'iconographie graveleuse évoqué plus haut, pour attirer une clientèle déconnectée, c'est parce que le contenu n'est guère intéressant.

Quand le journaliste François Willmann parle de « la guerre des (belles) étiquettes[46] », il n'a pas tort : « Avec l'explosion du nombre de brasseries artisanales en France, la concurrence se fait rude et la nécessité pour les brasseurs

---

[46] « La guerre des belles étiquettes » (*Bière Magazine*, n°111, 2021).

de capter l'œil du consommateur dans les rayons est plus importante. » Mais il omet un détail. L'émergence de ces étiquettes stylisées et graphiques, souvent réalisées par des artistes professionnel·les dont la bière n'est pas le cœur de métier, a tendance à casser les représentations stéréotypées sur les illustrations. On ne retrouve plus forcément une étiquette rose avec des petits cœurs pour une bière à la fraise ou une étiquette connotée masculine pour vendre un stout. « Quand on a lancé le projet avec Cyprien (Maisonnier), ce qu'on voyait dans la bière craft c'était beaucoup de têtes de mort, une approche très dark, du noir et blanc et ça ne nous correspondait pas du tout », explique Antoine Robic, co-fondateur de la brasserie Fauve, à Montpellier. Les deux amis se sont tout de suite tournés vers « une approche non-genrée » pour les illustrations de leurs canettes. Ces dernières sont toutes très colorées, abstraites (le nom de la brasserie est un clin d'œil au fauvisme), et mettent en avant à chaque fois un·e artiste différent·e, majoritairement des femmes. Cette vision semble d'ailleurs porter ses fruits : « La clientèle dans notre *brewpub* (installé dans le 11e arrondissement de Paris) est très diverse et très féminine. On a des groupes de copines qui sont venues découvrir le bar car c'était une nouvelle adresse dans le quartier, sans rien connaître à la craft, et aujourd'hui ce sont des habituées qui ont développé des goûts pointus. » Certains le découvriront peut-être en lisant ces lignes mais oui, les femmes préfèrent fréquenter des lieux où elles sont bien accueillies, où les chiottes ne sont pas tapissées de photos de meufs à moitié à poil (oui, ça existe) et où elles peuvent passer commande sans être prises pour des cruches. Incroyable, non ? Une pensée pour ce bar où le serveur m'a toisée avec condescendance, en me prenant pour une nunuche qui n'y connaissait rien. Je n'y suis pas retournée. Ou ce *brewpub* où les piliers de comptoir m'ont coincée en sandwich alors que je tentais de payer, me balançant leurs remarques grasses, sous les rires du gérant. Plus un seul de mes orteils n'a depuis franchi le pas de la porte de son rade. Quand je reçois des messages me demandant « comment faire pour accueillir correctement les femmes dans nos établissements », je suis fatiguée d'avance. Comme des êtres humains ? Comme les hommes que vous servez déjà à longueur de journée sans remettre en cause leurs goûts et leurs connaissances ? En refusant de vendre dans vos établissements des bières aux noms et illustrations dégradantes ? En ne proposant pas que des *bières de filles* à celles qui aimeraient s'initier ? Allez, un petit effort, vous allez y arriver !

3. FAIRE GENRE

Dans un article[47] d'*Au Féminin* sur « comment choisir sa bière » pour une soirée conviviale, la journaliste expose calmement la situation : « Vos invités sont-ils déjà amateurs ou plutôt novices ? Pensez qu'il y aura des femmes à table, rarement connaisseuses... » Pour ces dames, « choisissez des bières douces », comme elles. Légère, peu calorique, aux fruits rouges comme nos lipsticks : c'est le portrait-robot de la *bière de filles*. Sur quoi se basent les industriels pour affirmer que c'est ce qui va plaire et vendre ? Y a-t-il une étude scientifique qui a permis de démontrer que les hommes aiment la bière forte et amère et que les femmes préfèrent les boissons sucrées, fruitées et colorées ? Vous pouvez chercher, mais vous ne trouverez pas. Ce que l'on sait, par contre, c'est que dès la naissance, nos cerveaux aiment le sucré et rejettent l'amer[48]. Offrez une pinte d'IPA à un bébé (enfin, imaginez, ne le faites pas), garçon ou fille, il rejettera l'amertume en bloc. Alors pourquoi ce cliché persiste-t-il depuis si longtemps que les femmes elles-mêmes pensent préférer les bières légères, osant d'autant moins déguster des styles plus forts ou amers,

[47] Laura Leyvraz, « Comment choisir sa bière » (*Aufeminin.com*, 4 nov. 2019).

[48] Nora Bouazzouni, *op. cit.*

ces « bières de bonhommes », en opposition directe à la « bière de gonzesses » (ou « de tapettes » pour la variante homophobe) ?

Les bières « pour femmes » ne sont pas une invention nouvelle. Dès le début du 19e, les brasseries vendent des *bières de nourrices*. Pour comprendre ce produit, il est important de le replacer dans son contexte. À cette époque, la bière est présentée comme bonne pour la santé, bue par les enfants, les femmes enceintes ou les nourrices. Elle est recommandée aux mères par leur médecin pour leur aspect galactogène, favorisant l'allaitement. Au début du 20e siècle, dans les milieux aisés, les mères ne s'occupent pas de l'allaitement. Cet acte, pas encore valorisé, est relégué aux nourrices qui doivent sustenter à la fois leurs enfants et ceux des autres. Autant dire : mission impossible. C'est pourquoi elles gardent plutôt leur lait maternel pour le bambin de leur employeur — leur gagne-pain — et nourrissent leur enfant en fabriquant un mélange à base de lait de vache. Une fausse bonne idée quand on connaît les conditions d'hygiène déplorables de l'époque : la mortalité infantile est très élevée (143 pour 1000 naissances entre 1901 et 1909 en France métropolitaine) et les bébés meurent facilement de malnutrition.

C'est dans ce contexte difficile que les *bières de nourrices* arrivent sur le marché. Les brasseries promettent une meilleure lactation grâce à la consommation de bière, désormais pasteurisée. Avec leur faible taux d'alcool (2 %), ces bières doivent permettre aux nourrices un meilleur « rendement », sans tomber dans l'ivresse. Dans les années 50, il est commun de trouver dans les pharmacies ces fameuses bières, et pour pousser à la consommation, celles qui n'en boivent pas sont pointées du doigt. Sur une affiche pour la promotion de la bière datant de 1900, deux nourrices s'opposent : « celle qui en boit » est souriante, pinte à la main, poitrine resplendissante et bébé bien nourri. À l'inverse, « celle qui n'en boit pas » est épuisée, sein flasque et bébé hurlant. Elle serait anémiée, en mauvaise santé, et ne pourrait produire le lait nécessaire pour nourrir sa progéniture. Celle qui ne boit pas de bière est tout simplement une mauvaise mère.

Encore aujourd'hui, des entreprises proposent des bières sans alcool dont les houblons « favorisent la lactation », avec des plantes « récupératrices » et « peu de calories » — parce qu'il faut que maman perde ses kilos de grossesse quand même. Aux États-Unis, la brasserie Portsmouth propose la Libeeration (à 6,1°), avec des herbes censées lutter contre les bouffées de chaleur et les insomnies durant la ménopause. Rien n'est trop beau pour se faire de l'argent sur les souffrances des femmes.

Goût inné ou construction sociale

Faisons simple : la *bière de filles* est une pure création commerciale sortie tout droit des gros cerveaux de petits génies du marketing, imaginant ce que veulent les femmes sans le demander aux premières concernées. Résultat ? Un ramassis de stéréotypes qui fait toujours plus de mal aux femmes, qui ont elles-mêmes intégré ces goûts comme s'ils étaient innés. Lors de ses ateliers de dégustation, la sommelière en bières Juliette Phuong doit batailler contre ces clichés et tente de déconstruire les préjugés de chacun·e : « J'essaie de montrer que le goût et ce qu'on en pense, c'est le fruit d'une construction sociale, et c'est ok de les déconstruire. »

Toute notre société repose sur ce principe binaire d'opposition entre les hommes et les femmes. Presque chaque aspect de notre vie doit être associé à un de ces deux genres, rentrer dans une de ces deux cases, peu importe si elles sont trop étriquées pour certain·es. Notre alimentation n'y échappe évidemment pas. Viande, gras et alcool fort pour les hommes ; salade, fruits frais et nourriture saine pour les femmes. Ne vous y trompez pas, chaque aliment a été méticuleusement placé dans une de ces deux cases pour asseoir la domination masculine. Ce qui est féminin est perçu comme faible (les légumes, ça « ne nourrit pas son homme », comme on dit), tandis que ce qui est associé au masculin est valorisé, perçu comme un signe de virilité : la viande rouge (à consommer saignante de préférence), c'est nourrissant et ça rend fort. Là où les hommes choisissent de consommer ce qui leur fait plaisir, les femmes cherchent à consommer ce qui est bon pour elles, d'un point de vue nutritionnel, pour rester en bonne santé et surtout, ne pas prendre de poids. Tout en revient souvent au même point : le corps des femmes. La valeur qui leur est accordée est principalement physique, avec une injonction à la minceur permanente. Si la grossophobie touche tout le monde, un homme gros est d'abord perçu comme un bon vivant qui sait se faire plaisir. La bonne vivante n'existe pas dans notre imaginaire. Une femme grosse est d'abord une femme négligée, qui ne prend pas soin d'elle et qui ne sait pas se contrôler : « Une femme est censée picorer, remplir modérément son assiette, éviter de se resservir. Il est inconcevable qu'elle se laisse aller sans retenue aux plaisirs de la chère[49]. »

En 2011, la chercheuse Molly Allen-O'Donnell constate,

---

[49] Mona Chollet, *Beauté Fatale — Les nouveaux visage d'une aliénation féminine* (éd. La Découverte, 2012).

dans le cadre d'une étude sur des étudiant·es américain·es, que les jeunes femmes mangent moins quand elles sont en compagnie d'hommes ou dans un groupe mixte, qu'en étant exclusivement avec des femmes[50]. À l'inverse, les hommes ont tendance à manger plus en présence d'une ou plusieurs femmes qu'avec leurs semblables. L'une tente de perpétuer l'idée que les femmes ont un appétit d'oiseau, tandis que l'autre pense asseoir sa virilité avec un excès de calories. Alors « on fait attention », on scrute nos assiettes et nos corps dans le miroir, on prend une petite part de dessert, on regarde les calories sur les paquets de gâteaux. Et ainsi se développent les troubles du comportement alimentaire, qui touchent principalement les filles et les femmes : 90 % des personnes souffrant d'anorexie sont des femmes ; les troubles boulimiques concernent trois filles pour un garçon entre 11 et 20 ans.

Et qu'est-ce qu'on trouve dans la bière ? Des calories. Beaucoup de calories. Vous savez, le fameux « ventre à bière » qui serait dû à un trop-plein de 8.6, alors que n'importe quelle consommation excessive d'alcool vous fera prendre du poids. C'est d'ailleurs la deuxième raison invoquée lorsqu'on demande aux femmes pourquoi elles

50 « *Impact of Group Settings and Gender on Meals Purchased by College Students* » (*Journal of applied sociology*, 20 sept. 2011).

ne boivent pas de bière : elle contiendrait trop de calories[51]. Pourtant, une bouteille de 33 cl représente en moyenne 140 calories, contre 160 pour un mojito classique et plus de 200 pour une piña colada. Mais c'est aussi le volume qui gêne : 17 % des femmes estiment que la bière servie en trop grande quantité est un frein à leur consommation (à égalité avec la peur d'être jugée par les autres). Là où un cocktail dépasse rarement les 20 cl, on aime servir la bière en pinte d'un demi-litre. Cela ne rentre pas dans l'idée de contrôle et de gestion des quantités ingérées. Un poil trop masculin, quoi.

Normaliser sa masculinité

Un homme est assis sur son fauteuil, bière à la main et jambes écartées. Ces dernières sont maintenues par un appareil en plastique, le *decrossifier* (qu'on pourrait traduire par « décroiseur »), accompagné du texte suivant : « Pour certains mecs (des personnes que nous ne connaissons pas personnellement) croiser ses jambes est une mauvaise habitude. Le "décroiseur" entraîne doucement vos genoux à rester loin l'un de l'autre, rendant moins sophistiqué le croiseur. » Non, il ne s'agit pas d'une affiche de propagande pour le *manspreading*[52], mais d'une publicité de la brasserie

---

[51] « *The Gender Pint Gap* », *op. cit.*

[52] Terme utilisé pour décrire les hommes qui s'assoient toutes jambes écartées,

Miller, datée de 2009. Pour nous vendre de la bière (à peine visible sur l'affiche), on nous dit que c'est mal pour un homme de croiser les jambes. Parce que cela fait efféminé. Et il n'y a rien de pire que d'avoir l'air d'une femme et de risquer de passer pour homosexuel (parce que vrai mâle être hétéro). À travers une simple pub ressort toute la violence de la masculinité hégémonique, que la consommation de bière vous permettrait de conserver.

Théorisée dans les années 80 par la sociologue australienne Raewyn Connell, la masculinité hégémonique « correspond à la façon actuellement la plus reconnue d'être un homme, implique que les autres hommes se positionnent par rapport à elle, et permet de légitimer d'un point de vue idéologique la subordination des femmes à l'égard des hommes[53] ». Elle est toutefois multiple, évolue selon les époques et n'est pas la même selon les pays ou les classes sociales[54]. Les comportements jugés trop efféminés, comme c'est le cas pour la communauté gay, font partie des « masculinités subordonnées », dévalorisées et ridiculisées par la masculinité hégémonique. Cette dernière n'est d'ailleurs

---

prenant tout l'espace libre, notamment dans les transports en commun.

[53] Raewyn W. Connell et James W. Messerschmidt, « Faut-il repenser le concept de masculinité hégémonique ? » (*Terrains & travaux*, n° 27, 2015).

[54] La bière reste perçue comme un alcool des classes populaire à moyenne ; la masculinité hégémonique des élites trouve plus son compte avec cigares et spiritueux haut de gamme.

« pas considérée comme normale dans un sens statistique, car elle n'est observable que chez une minorité d'hommes. Mais elle est sans aucun doute normative. »

Quel rapport avec la bière ? Tout est dans la publicité de Miller High Life. En Occident, l'idée de ce qu'est la masculinité s'appuie encore sur le principe de l'homme viril et hétérosexuel. Avec le *decrossifier*, ce dernier peut pratiquer à loisir le *manspreading*. Quoi de plus masculin que de s'imposer, de prendre toute la place. Croiser les jambes, c'est se faire tout petit, c'est être insignifiant, ridicule. Comme les femmes à qui on laisse un demi-siège pour s'asseoir dans le métro.

La bière devient l'alcool viril par excellence, un truc « de bonhommes », comme on l'entend souvent. Plutôt ironique quand on sait qu'en Grèce antique, la bière — appelée zythum — était considérée comme féminisante, alors que le vin était l'alcool des hommes. D'ailleurs, en Corée du Sud, l'émergence de la scène craft est principalement féminine[55]. La bière artisanale y est perçue comme une boisson sophistiquée, complexe en saveurs, qui se déguste et se savoure entre copines. Les Sud-Coréens ont besoin d'alcools forts et pas chers qui leur explosent la tronche

---

[55] « *Why women are leading Korea's craft beer movement* » (*Vice*, 18 nov. 2015).

rapidement, comme le *soju*. On est loin de l'image du *beergeek* barbu et tatoué.

Les lieux de socialisation où la bière est consommée sont eux-mêmes profondément codifiés et virils, à commencer par les bars. Dans la fiction récente, on pense au bar dans *Brooklyn 99* où l'équipe du Capitaine Holt se retrouve régulièrement, à celui de *How I Met Your Mother* où la bande d'ami·es a sa place attitrée, ou à celui dans *Ted Lasso* où on soutient le club de Richmond (du foot, évidemment). Ces lieux sont masculins par essence et si les personnages féminins y ont leur place, c'est parce qu'elles ne sont pas comme les autres : Rosa et Amy sont flics, Robin et Lily sont « différentes » (les autres femmes qui boivent sont les « *woo girls* », ridicules et trop girly), Mae est la patronne du pub et a une autorité sur sa clientèle, de par son âge notamment. Pendant longtemps d'ailleurs, les femmes ont été exclues de ces espaces en tant que consommatrices, puisque leur place était à la maison (ou au service). La culture du pub et la consommation de bière sont devenues des éléments essentiels dans la création du lien social entre les hommes, qui doivent performer leur genre et entretenir l'illusion d'une masculinité normée.

C'est pourquoi ces messieurs ne peuvent pas non plus consommer n'importe quel type de bière (en public, j'entends). On reprend nos deux petites cases pour y mettre, d'une part, la bière dite « féminine », c'est-à-dire faible en alcool et avec ajout de fruits ; et d'autre part, pour les mecs, eh bien vous pouvez bourrer avec à peu près tout le reste : triple, stout, IPA... Tant que le taux d'alcool est respectable et la robe plutôt foncée. Combien de fois ai-je entendu des hommes dire qu'ils ne buvaient que rarement des bières en dessous de 6°, parce que bon, « on se respecte ». Combien encore demandent la bière la plus forte au bar sans même regarder de quoi il s'agit, pourvu que l'ivresse survienne rapidement. « En dégustation, j'ai eu des mecs qui riaient à l'idée de boire une bière rose, qui étaient en mode "ah ça, c'est pas pour moi" et qui au final en redemandaient », souffle Pauline Raymond, zithologue.

Pour comprendre l'incroyable fragilité de la virilité masculine, il faut revenir quelques millénaires en arrière. Si je vous dis « théorie des humeurs », ça vous parle ? Retour au 4e siècle avant notre ère, où notre pote Hippocrate détermine que nos corps sont constitués de quatre éléments (air, feu, eau et terre) possédant quatre qualités : chaud ou froid, sec ou humide. L'association et l'équilibre entre ces éléments apporteraient une bonne santé au corps humain. Mais dans une vision déjà binaire, on estime que les genres répondent à une humeur dominante : le « corps masculin » a un tempérament bilieux (chaud et sec), dominé par le feu; tandis que le « corps féminin » est flegmatique (froid et humide), basé sur les émotions et les sentiments. Évidemment, cette théorie a depuis été discréditée par les nombreuses avancées scientifiques. Mais elle a eu le temps de marquer les esprits, jusque dans notre consommation d'alcool. L'historienne québécoise Catherine Ferland souligne que, dans le cadre de cette théorie, « l'alcool peut contribuer à rééquilibrer les humeurs en corrigeant la chaleur[56] ». Pas question de boire n'importe quoi : il faut se baser sur son genre et sur le tempérament qui lui est associé. Et devinez ce qui est recommandé ? Je vous le donne en mille : de la bière amère ou du vin rouge puissant pour les hommes et des boissons « délicates et sucrées » comme le vin clair coupé à l'eau pour les femmes. Nos goûts ne sont pas innés, ils sont conditionnés. Cette corrélation entre les saveurs fruitées et la féminité est omniprésente dans la bière. Ce serait seulement ainsi que les femmes pourraient apprécier le produit car « ça ne goûte pas comme de la vraie bière », dixit les puristes (comprendre : les mecs). Mais il y a aussi des hommes qui aiment les bières fruitées. Et ceux-là vous le feront savoir en vous parlant des double IPA ultra houblonnées à 10° qui sentent le pamplemousse ou les gros

[56] « Drinks de fille, Hippocrate et nous » (blog de Catherine Ferland, 22 sept. 2015).

Stout qui tâchent à la cerise (en se gardant bien d'avouer qu'eux aussi aiment les petites bières de blé à la framboise à 4°). Pour sauver la face, il faut se distancier au maximum de l'image féminine du fruit dans la bière. Quand elle est bue par des hommes, la bière fruitée n'a rien à voir et elle retrouve ses lettres de noblesse, renforçant l'illégitimité des goûts (supposés) des femmes.

Alors attention à celui qui commandera une bière aux fruits dans un bar, il prendrait le risque de se faire railler par sa bande de potes. Tant pis, il prendra une pinte d'IPA même si l'amertume, c'est pas sa came. L'IPA représente l'exact opposé des bières sucrées et fruitées associées à la féminité. Aimer l'amertume n'est pas naturel, c'est donc un signe de force, un moyen de montrer sa virilité par la taux d'IBU[57] que l'on peut encaisser sans grimacer. Cette injonction à la consommation d'alcool pour performer sa masculinité est brutale. « Lors d'un atelier, un homme s'est excusé auprès de moi de ne pas aimer l'alcool », se souvient la sommelière Juliette Phuong. Des hommes vont parfois même jusqu'à refuser certains types de verres (comme le verre tulipe) qui seraient « trop féminins ». Dans le film *Crazy, Stupid, Love* (que j'adore, au passage), Jacob (Ryan Gosling), le mâle alpha par excellence, aide Cal (Steve Carell) à reconquérir

[57] *International bitterness unit*, ou unité internationale d'amertume.

sa femme. Son diagnostic est évident : il a perdu toute virilité, pas étonnant que son épouse soit allée voir ailleurs. Il le reprend dès leur première discussion, alors que Cal boit sa « vodka cranberry coupée à l'eau comme une ado de 14 ans », avec une paille : « On dirait que tu suces une petite bite, c'est l'image que tu veux renvoyer aux autres ? » Alerte masculinité toxique !

Celles qui boivent « comme des bonhommes »

Avez-vous déjà regardé de plus près comment sont présentés les personnages qui boivent de l'alcool à la télévision ou au cinéma ? Les *tropes* (un schéma récurrent dans la fiction, dont les scénaristes usent et abusent) associés à l'alcool sont nombreux et très différents selon qu'ils concernent un ou une protagoniste. Pour ces dernières, il y a la célèbre « *hard-drinking party girl* ». C'est la jeune femme ivre qui devient complètement désinhibée sexuellement — fonctionne encore mieux si le personnage est une jeune fille sage et chaste au début du film. Elle est là pour qu'on se moque d'elle, de son manque de classe quand elle finit par vomir sur le t-shirt du mec qui espérait conclure, de sa *walk of shame* le lendemain matin. Elle est sexy, bête et vulgaire. La plupart des meufs dans les *teen movies* type *American Pie* rentrent dans ce cliché. Dans un style plus bourgeois, Serena Van der Woodsen (*Gossip Girl*) est une vraie *party girl*, pour qui l'alcool a généralement fonction de punition : elle trahit sa meilleure amie en couchant avec son copain après une soirée arrosée ; Dan l'empêche de se faire renverser par une voiture alors qu'elle est saoule le jour de Thanksgiving (comme tous les ans), etc. Les hommes, eux, ont souvent l'alcool jovial et se dévoilent grâce à cette consommation. Ils prennent de l'assurance et du courage (Raj dans *The Big Bang Theory* parle aux femmes uniquement quand il boit) et réalisent des exploits incroyables : Bohort, dans *Kaamelott*, devient un combattant féroce une fois ivre, alors qu'il est montré comme efféminé et fragile le reste du temps (les autres chevaliers doutent d'ailleurs de sa sexualité). Quant à l'alcoolique notoire, il est certainement un homme brisé, complexe, qui a vécu un drame indicible : Jim Hopper, dans *Stranger Things*, sombre dans l'alcool après la mort de sa fille et son divorce. Même chose pour Rust Cohle, dans *True Detective*. Merci aux enfants et aux femmes mortes de donner de la profondeur aux protagonistes masculins. Bridget Jones, elle, s'explose à la vodka parce que son mec la trompe. Futile. Si elles sont plus âgées (à partir de 40 ans environ), deux options s'offrent à nos personnages féminins alcoolisés : il y a la femme mariée, mûre et sensuelle, qui comble son ennui avec les spiritueux et les petits jeunes (Mrs. Robinson dans *The Graduate* ou « la maman de Stifler », toujours dans *American Pie*) ; ou la femme sarcastique, sans filtre et incontrôlable. C'est le personnage qui perd sa féminité ou du moins, qui n'est pas perçue comme « baisable » par le public masculin. Meredith Palmer dans *The Office* (US) en est un bon exemple. Bref, vous l'aurez compris, l'alcool chez les hommes, c'est cool et recommandé (ce qui n'est pas forcément un super message, précisons-le) mais pour les femmes, ça craint sévère.

La réalité, c'est qu'en Grande-Bretagne, 17 % des femmes consomment de la bière au moins une fois par semaine, contre 53 % des hommes[58]. Et seulement 9 % affirment que la bière est l'alcool qu'elles consomment le plus, contre 40 % des hommes. En France, un sondage Heineken réalisé par Odoxa[59] révèle que 56 % des Françaises disent boire de la bière, contre 79 % des Français. Aux États-Unis, d'après la Brewers Association, les femmes représentaient en 2018 moins d'un tiers des personnes consommant des bières artisanales plusieurs fois par an. « La bière, c'est une boisson de mec, c'est la boisson du foot, c'est la boisson de toutes les "activités d'hommes" », analyse Pauline Raymond. « En tant que nanas, on a accepté ça longtemps.

---

58 « *The Gender Pint Gap* », *op. cit.*

59 « La France, cet autre pays de la bière » (Odoxa pour Heineken, 21 mai 2015).

Et encore aujourd'hui, plein de femmes n'aiment pas la bière, parce qu'on ne leur a jamais vraiment ni expliqué, ni fait goûter, et qu'elles ont été poussées à aller vers d'autres boissons. » Après des décennies à se voir dicter leurs goûts, il est compliqué pour les femmes (et pour les hommes) de prendre du recul sur ces derniers, de les déconstruire et de s'ouvrir à d'autres horizons.

D'autant que notre langage et nos expressions autour de la bière nous enferment dans ces idées préconçues. Une *bière de filles* est non seulement faible en alcool mais surtout insipide et inintéressante (comme les femmes donc). Boire *comme un homme* signale que l'on peut ingérer de grandes quantités d'alcool sans flancher. À l'inverse, boire *comme une fille* (et non *femme*, car il faut toujours ajouter une dose d'infantilisation) indique qu'une personne ne tient pas l'alcool. Comme toujours, l'association au féminin devient le comportement jugé faible et que l'on peut ridiculiser à loisir. Un homme pompette après une bière ? Pas très viril. Et une femme qui boit « comme un bonhomme » alors ? C'est plus complexe. Celle qui a une bonne descente peut être valorisée. En voilà une qui n'est pas comme toutes ces pimbêches et leur rosé pamplemousse ! Pour obtenir une légitimité dans la culture bière, les femmes elles-mêmes ont tendance à se distancier des goûts dits féminins, en avançant leur amour pour les Bitter ale et les Porter fumées. Sont-elles moins légitimes en tant qu'amatrices de bières si leurs goûts collent trop aux stéréotypes de la féminité ?

La valorisation par les hommes des comportements de certaines femmes se fait presque toujours en en dézinguant d'autres. Celle qui enchaîne les verres sans vaciller est valorisée car son comportement est associé au masculin. Mais attention, seule sa consommation de bière doit l'être. Pour le reste, il faut qu'elle soit attirante aux yeux des mecs hétéro (une *cool girl*, quoi). Sinon, avec sa pinte à 12°, elle n'est plus vraiment une femme. Elle ne performe plus son genre, ne rentre plus dans la case de la féminité socialement acceptée. C'est ce qu'évoquait déjà Simone de Beauvoir dans *Le Deuxième Sexe*, en 1949 : « Chaque fois qu'elle se conduit en être humain, on déclare donc qu'elle s'identifie au mâle ; ses activités sportives, politiques, intellectuelles, son désir pour d'autres femmes sont interprétées comme une protestation virile. » Être « la pote de la bande de mecs », ça passe, mais pas plus. Parce que « l'appétit féminin suscite la peur et la répulsion, car cette aspiration goulue en évoque d'autres, de nature sexuelle (la "mangeuse d'hommes"), affective, politique, toutes perçues comme excessives[60] ».

---

[60] Monal Chollet, *op. cit.*

En plus d'être stupide, cette perception est dangereuse pour les femmes. En 2018, des chercheuses américaines se sont penchées sur la déshumanisation des femmes qui boivent de l'alcool[61]. Elles ont montré aux participant·es de leur étude des photos et fausses publications de réseaux sociaux mettant en scène des hommes ou des femmes dans un bar, avec une bouteille de bière ou une bouteille d'eau. Les participant·es ont immédiatement déshumanisé la femme avec la bière, la jugeant moins intelligente, superficielle et plus ouverte sexuellement ; ce qui n'était pas vrai pour l'homme. La réalité, c'est que dans des situations dangereuses, la perception des témoins sera affectée si une femme semble alcoolisée (elle l'a cherché, elle le voulait, etc.). Dans les affaires d'agressions sexuelles ou de viols, la défense s'en donne à cœur joie pour rejeter la culpabilité sur la victime si cette dernière était ivre ou semblait l'être lors de l'agression, alors même que c'est une circonstance aggravante pour l'agresseur.

Le syndrome de la « *beer girl* »

Connaissez-vous le point commun entre une buveuse de bière et une joueuse de jeux vidéo ? Réponse : leur unique but est d'attirer l'attention des hommes, mais en vérité,

---

[61] « *She looks like she'd be an animal in bed: dehumanization of drinking women in social contexts* » (*Sex Roles*, n°80, 2019).

elles n'y connaissent pas grand-chose. Quand Untappd (application de notation de bières) diffuse sur son compte Instagram une vidéo en collaboration avec l'Américaine @taratea (près de 17000 abonné·es), un des premiers commentaires posté donne le ton : « C'est encore une de ces nanas d'Instagram qui pose avec une bière sans jamais la boire et qui a des milliers d'abonnés ? » Dans la bière comme dans les jeux vidéo, les *gatekeepers* sont nombreux à faire front contre les *beer girls* et les *gamer girls* (les femmes ne sont toujours que des *filles*). Ces derniers décident notamment qui a le droit ou non d'appartenir à une communauté et de s'identifier comme tel. Dans ces milieux très masculins que sont la bière ou le gaming, les *gatekeepers* (principalement des hommes cis) demandent souvent aux femmes de montrer patte blanche pour être acceptées. Tu aimes les jeux vidéo ? Prouve-le en nommant toute l'équipe de développeurs de Final Fantasy VII. Tu aimes la bière ? Cite tous les houblons existant dans l'ordre alphabétique. Je caricature à peine. Un petit tour sur les groupes et forums dédiés aux passionné·es vous donne vite la couleur. Les femmes y sont présentes mais postent peu. La raison, vous la devinez, et j'en ai moi-même fait les frais : il y aura toujours un type pour avoir quelque chose à redire à propos de votre publication, juste par plaisir d'étaler sa science, et même (surtout) s'il a tort. Alors on laisse passer une fois, deux fois, puis on ne prend plus la peine de poster, fatiguées d'avoir toujours affaire aux mêmes petits mecs qui pensent que celles qui boivent de la bière et l'affichent sur les réseaux sociaux le font pour se rendre intéressantes et attirer le regard masculin. Des *attention whores* en somme.

L'actrice québécoise Émilie Leclerc, connue sous le pseudo de @la_petite_bière, partage son contenu à plus de 42 000 abonné·es. Ses dégustations sont mises en scène avec des photos sur lesquelles elle pose dans un style vintage très esthétique. Dans un long post Instagram, la jeune femme s'est exprimée sur le revers de la médaille. De plus en plus suivie, elle n'échappe pas aux trolls, aux commentaires misogynes et désobligeants, qui ne la jugent pas légitime à parler houblon. « Je lisais que j'étais une poser, une m'as-tu vue, une imposture, une fille qui connaissait rien, une paire de boules ambulantes, une actrice ratée, une pathétique, une snob, une fake qui boit pas ses bières parce que sinon je serais ben plus grosse que ça, ou simplement que j'étais une conne, une salope et j'en passe. » C'est simple, les *gatekeepers* détestent voir des femmes parler (mieux qu'eux) de leur passion. Attention à la *beer girl* qui pose en décolleté ou en petite tenue, les insultes afflueront en masse (parfois même de la part d'autres femmes dont la misogynie a été parfaitement intégrée). Désolé les meufs, il n'y a que nous qui avons le droit de vous objectifier dans nos pubs ou sur les étiquettes de nos bières, ne prenez pas trop confiance en vous, en votre corps et votre sexualité. Attaquée sur ses photos sexy par le journaliste Chris Furnari dans un podcast de *Brewhound* (dont le thème était la diversité et l'inclusion, ça ne s'invente pas), @onehoppylady s'est défendue : « Est-ce que mon t-shirt moulant discrédite les neuf années que j'ai passées dans l'industrie brassicole ? Est-ce que le bikini de @isbeercarb efface tout son savoir sur la bière ? Est-ce que @la_petite_biere est trop sexy pour apprécier la bière ? C'est non seulement stupide mais aussi dangereux de penser ainsi. Dire à une femme que la façon dont elle s'habille décide de sa valeur et de la façon dont tu peux la traiter est non seulement sexiste, mais c'est aussi abusif. » Le journaliste sera remercié après cette affaire.

Quand Émilie Leclerc a débuté sur les réseaux, l'accueil était chaleureux et bienveillant. Plus sa notoriété a décollé, plus les *gatekeepers* misogynes (presque un pléonasme) se sont acharnés sur elle. Car la bière, c'est pour eux et eux seuls, non ? Depuis des décennies, le marketing les a ciblés quasi exclusivement. On leur rabâche encore et encore que c'est un truc de bonhomme, un signe de virilité et d'appartenance forte à la classe masculine dominante. Alors que viennent faire ces gonzesses dans leur milieu, pourquoi viennent-elles s'accaparer leur passion ?

Même sans afficher leur visage dans leurs publications, les femmes qui parlent bière sur les réseaux sociaux sentent une différence de traitement dû à leur genre. Sur son compte Instagram @manondunhoublon, suivi par un peu plus de 1200 personnes, Manon diffuse des posts pédagogiques adressés aux débutant·es sur les différents styles de bières et des conseils de dégustation : « Je reçois presque sur chacun de mes posts une remarque d'un homme qui me dit que ce n'est pas tout à fait ça, que selon lui, j'aurais dû mettre ça. Je suis peut-être parano mais je ne suis pas certaine qu'ils auraient osé faire ces remarques à un homme. » Bien que ces commentaires représentent un petit pourcentage des messages qu'elle reçoit, Manon a « l'impression de devoir faire plus, de prouver plus, que tout doit être parfait sinon on va me sauter dessus et c'est fatiguant ». Les hommes qui parlent bière sur les réseaux ne sont pourtant évidemment pas tous des sommeliers expérimentés. « Mes collègues masculins, quand ils faisaient une erreur, au niveau des ingrédients ou au niveau du goût (...), je trouvais que les gens étaient plus doux avec les gars. Mais les gars sont toujours en train de remettre mes connaissances en question », confirme Émilie Leclerc dans le podcast *Le 2e Étage*. « Le savoir c'est le pouvoir. Et rien n'est plus désagréable pour ceux et celles qui l'ont détenu longtemps d'en voir échapper ne serait-ce que des bribes[62]. » Ironiquement (ou pas), ces comptes tenus par des femmes sont majoritairement suivis... par des hommes.

Alcoolisme des femmes et charge mentale

Malgré des idées reçues encore persistantes, les femmes boivent de l'alcool à une fréquence similaire aux hommes : « Il n'y a plus de différence significative entre les garçons et les filles nés entre 1991 et 2000 », souligne le médecin psychiatre spécialiste d'addictologie Laurent Karila. En 2017, si les hommes sont plus nombreux à boire de l'alcool tous les jours (15,2 % des hommes contre 5,1 % des femmes), l'écart se resserre pour une consommation plus occasionnelle : 29,8 % des hommes consomment de l'alcool une à trois fois par semaine contre 20,3 % des femmes. Si la consommation est similaire, il est vrai que les quantités sont plus élevées chez les hommes (2,8 verres en moyenne par jour de consommation contre 1,8 verre pour les femmes) et que l'ivresse et l'alcoolisme les touchent plus[63].

---

[62] Sandrine Goeyvaerts, *Manifeste pour un vin inclusif* (Nouriturfu, 2021).

[63] « La consommation d'alcool chez les adultes en France en 2017 » (Groupe Baromètre de Santé Publique France, 2017).

Mais l'alcoolisme féminin est bien réel et « concernerait entre 500 000 et 1,5 million de femmes[64] » ; et 36 % des membres du groupe de soutien des alcooliques anonymes sont des femmes. Pour casser encore plus les idées reçues, parfois teintées de mépris de classe, ce sont les femmes cadres qui sont plus sujettes à l'alcoolisme (12 %) que les ouvrières et les artisanes (8 %) ou les salariées du privé et des services (7 %).

Quand elle touche les femmes, cette maladie est moins bien prise en charge car moins visible et acceptée. Un vrai problème puisque ces dernières, on l'a vu, sont de plus en plus courtisées par les alcooliers, qui jouent un rôle indéniable sur cette hausse de consommation.

En plus, les mœurs ont évolué. Si au début du 20e siècle, les femmes qui boivent sont très mal perçues, leur consommation s'est démocratisée. Boire de l'alcool a cet aspect convivial, festif, familial, du repas du dimanche au verre avec les collègues après le boulot. Mais quand elle est excessive, elle est particulièrement stigmatisée et « les femmes alcooliques se cachent le plus longtemps possible. Elles ne consultent pas, elles se taisent et font illusion. Elles multiplient les moyens de dissimuler cette

---

[64] Laurent Karila, *L'alcoolisme au féminin — En finir avec les tabous et s'en sortir* (éd. Leduc, 2020).

maladie alcoolique, et s'accommodent du silence complice environnant[65]. » Une femme qui ne boit pas, c'est une prude qui ne sait pas s'amuser. Mais une femme qui boit trop, c'est dérangeant. Au-delà du fait de perdre sa féminité en performant un genre qui n'est pas le sien, son irresponsabilité est pointée du doigt, encore plus si elle est mère. Ce tabou les éloigne des campagnes de prévention contre l'alcoolisme, dont elles sont rarement la cible, alors que leur risque de souffrir de cette maladie semble particulièrement élevé. Une étude réalisée entre 2012 et 2016 sur les personnes travaillant quotidiennement avec du public (éducation, service à la personne, commerce) indique que « les femmes pour lesquelles cette exposition était stressante avaient un risque multiplié par 1,6 de présenter une consommation d'alcool quotidienne excessive ».

Quand on travaille dans une industrie où la principale activité est de faire et de vendre de l'alcool, ça se complique. D'autant que dans le milieu craft, l'idée que la qualité prône sur la quantité amène à beaucoup de déni et de tabou autour de l'alcoolisme. On déguste, on ne *boit* pas. Les lieux de socialisation dont je parle plus haut sont également essentiels pour le business de la bière. C'est là que le réseau se fait, que des collaborations peuvent naître, que des

---

65 *Ibid*.

contrats se dessinent et où l'alcool coule à flots. En devenant maman, Juliette Phuong a « réduit sa consommation d'alcool » et « fréquente moins » ce type d'événements. Elle a conscience que cela peut lui fermer des portes et que ça offre plus d'opportunités à ses collègues masculins « dont certains sont pourtant pères ». Double standard, bonjour.

Les femmes ne boivent pas avec excès pour les mêmes raisons que les hommes. Pour celles « qui doivent jongler entre leur situation professionnelle, leur vie de famille, la gestion du foyer », cette consommation a l'effet d'un anti-stress. Aux origines de l'alcoolisme des femmes, c'est bien le patriarcat qu'on retrouve pour nombre d'entre elles. Avec pour principal outil, la charge mentale. La pression sociale de l'épouse et la mère parfaite, l'injonction à la performance et à la perfection sont tenaces. Pour « décompresser » et « se changer les idées », les femmes se tournent vers l'alcool, dans une consommation qui semble parfois ludique et décomplexée : « Une partie de la culture de la consommation de vin, c'est qu'on dit aux femmes — la communauté scientifique, l'industrie du vin et les influenceurs sur les réseaux sociaux — que le vin est sain et classe[66]. » On pense à nos *Desperate Housewives*,

---

[66] « *'A pump-and-dump kind of day': How wine-mom culture shifted from funny memes to unhappy hangovers* » (*Good Morning America*, 6 sept. 2019).

toujours un verre de vin à la main, qui se retrouvent dans des clubs de lecture se transformant rapidement en sessions beuveries. Elles ont même un nom, les *wine moms*, et elles sont un vrai phénomène. Sur les réseaux sociaux, les *wine moms* ironisent quant à leur consommation d'alcool : « Le vin est aux mères ce que le *Duct tape* est aux pères : ça répare tout » ; « ce qui coûte le plus cher quand tu as des enfants, c'est tout le vin que tu as besoin de boire. » Si ces communautés de « mères qui aiment le vin[67] » permettent à ces femmes de se retrouver, créer du lien social et partager leur quotidien et leurs déboires, une problématique plus grave transparaît. Derrière les mèmes, t-shirts à message et comptes Instagram humoristiques se cachent des souffrances et un épuisement qui sont banalisés et excusés par la consommation d'alcool. Boire pour souffler et oublier son quotidien de mère, d'épouse et de femme active. Beaucoup de rôles qui demandent beaucoup d'énergie à une seule personne. « *Mommy's juice* », « *mommy's medecine* » ou « *mommy's little helper* » : la normalisation du vin et de l'alcool comme un moyen de prendre soin de soi et comme une forme d'automédication chez les femmes est dangereuse. « En partageant des mèmes ou en faisant

[67] En 2017, la Canadienne Alana Kayfetz a lancé le mouvement *Mommies that like to wine*, où « *wine* » renvoie aussi à « *whine* », qui signifie se plaindre, pleurnicher.

des blagues qui semblent innocentes, vous pourriez bien renforcer le déni d'une amie ou rendre plus compliqué pour elle de s'occuper de son problème. L'industrie du vin fait déjà un très bon travail pour marketer leur produit vers les femmes. Ne leur rendons pas la tâche encore plus simple en leur faisant nous-mêmes de la publicité[68]. »

[68] « *Why we need to stop sharing 'wine mum' memes* » (*The Sydney Morning Herald*, 16 sept. 2018).

4. REPRENDRE SA PLACE

À l'origine du Projet Amertume, le biérologue belge Emmanuel Gillard recense toutes les brasseries artisanales françaises. Sur sa base de 2147 brasseries, il s'est attelé en juin 2021 à y comptabiliser la place des femmes[69] : 392 brasseries comptent au moins une femme dans leurs effectifs, soit 18,26 % des brasseries en activité. Parmi ses 3005 contacts recensés, 405 sont des femmes, soit 13 % des effectifs. Si vous imaginez que ces femmes occupent majoritairement des postes administratifs, vous vous trompez : 34 % d'entre elles sont brasseuses, 28 % occupent un poste de direction, 16 % sont au marketing, 16 % sont commerciales et 6 % dans l'administratif. Aux États-Unis, en septembre 2021, la Brewers Association a révélé que 76 % des gérant·es de brasseries craft dans le pays sont des hommes (et que 93,5 % des gérant·es sont blanc·hes). En 2018, la même organisation estimait la part de brasseuses dans l'industrie à seulement 7,5 %. La Siba (Society of Independent Brewers), en Angleterre, souligne dans son rapport de 2020 que 26,1 % de ses membres (environ 750) avaient une femme dans leur équipe en 2019

---

[69] « La femme et les bières en France, photographie 2021» (projet.amertume.free.fr).

(mais que seulement 11 % d'entre elles sont brasseuses). Ces données, si elles mettent une claque à quelques idées reçues, confirment la faible place des femmes dans l'industrie craft. Les brasseuses recensées sont souvent celles qui ont monté leur activité seule. Il ne manque pourtant pas grand-chose pour en pousser plus d'une à se lancer. À commencer par un minimum de considération.

Depuis plusieurs années, des professionnelles du monde de la bière demandent au Syndicat national des brasseurs indépendants (SNBI) de remplacer les termes « brasseurs indépendants » par « brasseries indépendantes ». Une modification qui ne change pas le sens de l'organisme et qui permet plus d'inclusivité. La réponse du SNBI est négative : « On ne fait pas de militantisme politique », justifie un des vice-présidents à la sommelière Carol-Ann Cailly. « Ce n'était pas la réponse officielle du SNBI, mais ça en dit long », souligne-t-elle. Contacté en juin 2021, le président du SNBI, Jean-François Drouin (brasserie La Lorraine), affirme pourtant n'avoir « jamais été saisi d'une telle demande, ni par des adhérents, ni par des personnes extérieures », tout en ajoutant que « le sujet sera probablement discuté lors d'une prochaine AG ». Pourquoi mettre à l'ordre du jour un sujet qui n'a jamais au grand jamais été évoqué par qui que ce soit ? Mystère. Pour expliquer le choix du nom de l'organisme, le président explique cependant qu'« à la création du syndicat, le groupe de réflexion sur les statuts et le nom du syndicat avaient été entérinés par un groupe mixte; le terme brasserie n'avait pas été retenu à l'époque car il ne faisait pas assez référence au métier ». Si l'inquiétude d'une confusion avec la brasserie comme lieu de restauration se tient, maintenant que l'acronyme SNBI est bien connu des professionnel·les, il ne semble pas absurde d'apporter une modification, rendant le syndicat plus représentatif de la diversité de la profession. Certain·es diront qu'il y a plus important (saleté de féministe qui dessert la cause), mais le langage et le refus de le rendre plus inclusif est symptomatique d'une industrie qui n'a pas envie d'évoluer dans ce sens.

Entraide et non-mixité

Pour les professionnelles, le message véhiculé est clair : une meilleure inclusion des femmes dans le milieu de la bière ne semble pas à l'ordre du jour pour les syndicats censés les représenter. Pas une surprise pour Carol-Ann Cailly, qui déplore sur Twitter : « Doit-on s'attendre à ce que ce syndicat prenne des décisions en faveur des brasseuses quand on sait que le Bureau est composé de 8 hommes ? Et de 6 autres parmi les membres du CA ? » Aucune femme non plus du côté des 14 délégués régionaux, et 8 parmi les 55 délégué·es départementaux·ales. Chez Brasseurs de France, association de professionnel·les au nom tout aussi inclusif, on compte timidement une femme parmi les 16 membres du directoire. Il paraît bien compliqué d'avoir une quelconque influence sur les politiques brassicoles quand on est complètement absentes des institutions et syndicats représentatifs. Tout comme faire part de problèmes de harcèlement ou de discrimination liés à son genre, son orientation sexuelle, son origine. Les guildes du 15e siècle ne semblent pas si loin.

Pourquoi ne pas plutôt prendre exemple sur les structures en place, en s'alliant en non-mixité ? Garlonn Kergourlay, Dorothée Van Agt et Mélanie Antier sont à l'origine du « French Chapter » de Pink Boots Society, l'organisation américaine à but non-lucratif qui soutient les femmes travaillant dans la bière. Lancé en 2018, le *chapter* français a été validé officiellement par le conseil d'administration américain, le 21 mai 2021. Avec cette validation, le regroupement français peut se constituer en tant qu'association (loi 1901), lui permettant « d'ouvrir un compte en banque, recevoir l'argent des adhésions[70], proposer des formations », s'enthousiasme la consultante brassicole Garlonn Kergourlay. Les adhérentes pourront

[70] 50% du montant des adhésions françaises de Pink Boots vont au French Chapter et le reste à l'organisme américain.

aussi prétendre aux bourses proposées par Pink Boots pour se former. « L'intérêt de l'asso c'est de donner confiance aux femmes pour se lancer, [comprendre] pourquoi ça bloque, ce qu'on peut faire, échanger des conseils, faire de la formation, de l'éducation, de l'entraide », détaille Carol-Ann Cailly.

Pink Boots, ce sont aussi des brassins collaboratifs pour la International Women's Collaboration Brew Day, le 8 mars. Le principe est de brasser une bière entre femmes[71] et de reverser les bénéfices à la Pink Boots Society. En 2021, Alê Kali a accueilli « les copines de Charentes-Maritimes et du Lot-et-Garonne » dans sa brasserie : « On était dix-sept femmes » pour brasser la Bottée, une double IPA dont l'étiquette représente des femmes et des personnes non-binaires. L'objectif de cet événement est aussi et surtout de faire se rencontrer les femmes du milieu, de créer du réseau et de leur permettre de s'unir. Au terme d'une journée de brassage chez la Béglaise, « on s'est dit qu'il fallait aussi qu'on se regroupe entre nous au niveau local, qu'on crée un collectif pour mener des actions concrètes », confie la brasseuse.

Ce besoin de se retrouver entre meufs, ça vaut aussi pour

---

[71] L'événement n'est pas non-mixte, les hommes peuvent participer à ces brassins.

les consommatrices. Carol-Ann Cailly a réalisé plusieurs ateliers de dégustation de bières en non-mixité, une « démarche féministe et engagée » qu'elle revendique : « J'en ai marre d'entendre les avis non sollicités des hommes, j'en ai marre qu'on dise aux femmes ce qu'elles peuvent boire ou pas. » La sommelière a voulu « créer un endroit où les femmes ne se sentent pas obligées d'aimer ou pas et d'oser poser des questions. Car je connais l'intimidation qu'il peut y avoir quand tu es en groupe mixte, surtout sur des sujets comme la bière, connotée masculine. Là, il n'y a personne pour te couper la parole. » Un sentiment partagé par Juliette Phuong, qui organise des ateliers avec des particuliers et des professionnel·les : « Les femmes seules, sans hommes, prennent la parole plus facilement, disent ce qu'elles ressentent, ce qu'elles aiment ou pas, il y a une expression plus facile. » Amélie Tassin, sommelière et consultante marketing, confirme : « Dans les tastings que j'ai pu faire, les femmes attendent souvent la fin pour pouvoir poser des questions, demander des précisions sans avoir l'impression d'être jugées. » À Édimbourg, la Française a fondé en 2018 *Beers Without Beards*, un groupe de femmes et personnes non-binaires qui aiment la bière. Le collectif compte quelque 450 membres. Sans surprise, « l'effet de groupe a permis à beaucoup de femmes d'avoir le courage de venir au pub sans leur mec ou de commander au bar ce qu'elles souhaitent réellement ».

Brasser, une démarche féministe

Tout est politique. Y compris faire de la bière quand on est une femme. L'essor des microbrasseries voit se développer une frange plutôt marginale de la craft : des brasseries féministes, fondées et gérées par des femmes engagées. C'est le cas de Y'a une sorcière dans ma bière, lancée en 2019 en Gironde par des amies de longue date : Véronique Vérisson et Véronique Lanceron. La volonté de départ des deux femmes, qui se sont connues dans le milieu LGBTQIA+ bordelais vingt ans plus tôt, est intrinsèquement féministe : « La bière, c'est bien une histoire de femmes et peu de gens le savent. Plein d'activités ont été confisquées aux femmes au cours de l'histoire, ça nous a d'autant plus convaincues qu'il fallait qu'on fasse passer ce message-là. » Les brasseuses ont choisi le nom de Virago pour leur gamme : « On est typiquement dans la réappropriation de l'insulte », explique Véronique Vérisson. Car une virago désigne une femme à l'allure masculine et aux manières rudes et autoritaires, terme utilisé comme insulte misogyne et lesbophobe : « À l'origine le mot latin désignait une "femme qui a le courage d'un homme". Pour nous la virago est une femme qui a le courage d'une femme. »

Cet engagement féministe, bien accueilli par la clientèle, refroidit parfois certains professionnels du milieu. Sur les étiquettes de leurs bières, on peut lire : « En souvenir du rôle des femmes dans l'histoire de la bière et en mémoire des femmes brasseuses qui furent accusées de sorcellerie durant l'Inquisition, nous brassons chacune de nos bières avec l'une d'entre elles... » Un texte pas au goût de tout le monde : « Quand on fait déguster nos bières à des revendeurs ça se passe très bien, jusqu'à ce que certains lisent l'étiquette, changent totalement d'attitude et finissent par ne pas prendre nos produits ». Résultat, « 80 % de nos revendeurs sont des boutiques, cavistes et épiceries tenues par des femmes, ce n'est pas le fruit du hasard », assurent les brasseuses.

Une problématique aussi rencontrée par la brasseuse et artiste brésilienne Alê Kali, quand elle a fondé en 2018 la Béglaise, toujours en Gironde (berceau des brasseries féministes en France ?) : « Quand je me suis lancée, on me disait que j'allais perdre du public avec la gamme La Béglaise, que j'allais m'adresser seulement aux femmes. » Ce nom « rend hommage aux femmes de Bègles, les travailleuses qui ont marqué l'histoire de la ville, celles qui travaillaient dur dans les sécheries de morues et qu'on a oubliées ». Le local où elle s'est finalement installée en 2020 est d'ailleurs une ancienne sécherie : « Je compte y organiser des rencontres autour des sexualités, des violences conjugales, comment s'entraider pour aller vers un avenir plus solide, plus égal, plus paritaire et féministe. » La brasseuse prépare même une nouvelle gamme : « Ça va s'appeler "bières de meufs" et on mettra en avant des militantes féministes comme Virginie Despentes, Angela Davis, Kimberlé Crenshaw… » Superbe pied de nez aux fameuses *bières de filles*.

Cet engagement se retrouve un peu partout dans le paysage brassicole international. En Angleterre, la journaliste et artiste transgenre Lily Waite a lancé le Queer Brewing Project en 2019, dans le but de « donner de la visibilité aux personnes LGBTQIA+ dans le milieu de la bière et en dehors, de construire une communauté, défendre les droits LGBTQIA+, lever des fonds pour les associations LGBTQIA+ ». Elle collabore avec de nombreuses brasseries (Cloudwater, Northern Monk…) pour brasser des bières mettant en avant la communauté LGBTQIA+ et différentes associations : « J'étais fatiguée de parler — de tout ce qui pourrait être fait pour faire de la bière un monde plus diversifié et inclusif — sans agir. Je voulais faire quelque chose qui aurait un réel impact, donnant de la visibilité et de la représentation tout en collectant des fonds pour les associations LGBTQIA+[72]. » En Afrique, Kweza Craft Brewery est la première brasserie artisanale du Rwanda, fondée par trois femmes : « Nos objectifs sont de développer des richesses pour des générations de femmes, de construire une entreprise gérée, formée et employant des femmes », explique l'entreprise sur son site internet. Josephine Uwesa, brasseuse et co-fondatrice, a commencé à brasser durant le génocide des Tutsis, pour supporter financièrement sa famille.

Faire de la bière, seule ou entre amies, et le revendiquer, c'est se réapproprier cette pratique arrachée aux femmes il y a plusieurs siècles. C'est aussi retrouver une indépendance économique. Même si lancer son activité brassicole n'assure pas des revenus mirobolants, l'idée de ne plus dépendre d'entreprises (c'est-à-dire, dans la plupart des cas, d'hommes), est essentielle. « Je ne voulais plus bosser pour des gens, surtout plus pour des hommes », explique Pauline Raymond, qui a monté l'auto-entreprise Amaltéa. En cause, une dernière expérience professionnelle catastrophique pour la jeune femme de 25 ans : « J'ai souvent été qualifiée de casse-couilles ou d'hystérique parce que j'ouvrais ma gueule et que je voulais

---

72 « *Lily Waite about Queer Brewing Project, inclusion and diversity in the world beer* » (*Beermag.it*, 7 juin 2021).

faire bouger les choses. » Un salaire anormalement bas par rapport à ses collègues masculins et le sentiment de ne jamais être prise au sérieux ont décidé la zithologue à devenir indépendante : « Mais ça m'a laissé avec un putain de syndrome de l'imposteur, je doute souvent de moi aujourd'hui. » Car malgré une présence qui ne cesse de s'affirmer ces dernières années, le quotidien des femmes dans le milieu n'est pas un long fleuve tranquille.

Balance ton brasseur

Le 11 mai 2021, Brienne Allan, alors directrice de la production chez Notch Brewing, à Salem dans le Massachusetts, publie sur son compte Instagram (@ratmagnet) une story où elle s'exaspère d'une énième remarque sexiste. Dans la story suivante, elle utilise l'outil question pour demander à ses consœurs : « Quelles remarques sexistes avez-vous déjà subies ? » Les réponses fusent. « Moi, portant des bottes en caoutchouc, des lunettes de sécurité et des gants : "c'est vous la vendeuse ?" » / « Les gens se dirigent toujours vers mon fiancé quand je fais de la vente car ils pensent que c'est lui le propriétaire de la brasserie » / « Être appelée la "brasseuse" avec des guillemets par des collègues » / « "T'es sûre que tu sais conduire ce truc ?" en faisant référence au chariot élévateur » / « J'ai travaillé sur un festival de bière avec mon copain et toutes les questions lui étaient adressées, même quand il précisait que c'était moi l'experte » / « Mais tu bois vraiment de la bière ? » / « Un jour, après avoir fait une visite guidée de la brasserie à un groupe, un homme m'a dit que j'aurais dû sourire plus. »

En quelques semaines, Brienne Allan partage des milliers de réponses reçues de ses abonné·es (qui sont passé·es de 2 000 à plus de 60 000). Des témoignages de sexisme, de racisme ou encore de transphobie au sein de l'industrie, allant de la « blague » sexiste au viol. « Je pensais que ça se calmerait, mais ça ne fait qu'empirer[73] », explique la brasseuse, dépassée par la tournure des événements et la violence des faits rapportés. Au fil des publications, tout bascule quand la jeune femme reposte un témoignage nommant Shaun Hill, fondateur de Hill Farmstead Brewery. Si le brasseur dément les accusations de harcèlement sexuel[74], publier ce premier message sans masquer le nom fait office de déclic. Des femmes (en grande majorité) mettent en cause des établissements, brasseurs et responsables de bars sur leurs agissements. Des accusations qui dépassent les frontières puisque le co-fondateur de la brasserie danoise Dry and Bitter, Søren

[73] Beth Demmon, « *Sweeping Accusations of Sexism, Assault Rock The Craft Beer Industry* » (*Vinepair.com*, 17 mai 2021).

[74] Katya Schwenk, « *Accounts of sexism in the craft beer industry shake up Vermont's breweries* » (*Vtdigger.org*, 21 mai 2021).

Wagner, est accusé dans au moins sept témoignages de comportements sexistes et d'agressions sexuelles. Il démissionne le 18 mai et lance une nouvelle brasserie en octobre. Jean Broillet, co-fondateur de Tired Hands Brewing, accusé d'entretenir un environnement toxique, se retire des opérations quotidiennes de la brasserie, mais refuse de passer la main. Valley Brewing, brasserie du Connecticut, licencie Jeff Nelson, directeur des ventes, mis en cause par plusieurs femmes, à qui il aurait notamment envoyé des photos de son sexe. Derek Freese, salarié chez Modern Times, est renvoyé à la suite d'allégations d'agressions sexuelles. Jacob McKean, fondateur et PDG de cette même brasserie de San Diego, s'est quant à lui retiré de son poste, accusé d'avoir camouflé ces affaires. Trevor Hayward, co-gérant de Evil Genius Brewing Company, à Philadelphie, quitte aussi son poste après une douzaine d'accusations de viol, de racisme et de comportement abusif. Il y a eu du mouvement, pour ne pas dire un véritable raz-de-marée dans ce milieu où l'entre-soi masculin semble régner, favorisant une culture de *boy's club*.

De l'importance du « *name and shame* »

Une des principales critiques faites à l'encontre des publications de Brienne Allan, et de tous les mouvements d'accusation comme #MeToo ou #BalanceTonPorc, tient dans le *name and shame* (nommer et couvrir de honte). Le caractère souvent invérifiable des témoignages rapportés fait se lever un vent de contestation : vous ne pouvez pas ainsi nommer et « détruire » les carrières d'hommes qui n'ont peut-être rien fait, lance-t-on généralement aux accusatrices. « Cachez vos plaies mesdames, elles pourraient gêner le tortionnaire[75]. » S'il est parfois compliqué pour les victimes d'apporter des preuves, il est aussi difficile d'ignorer les statistiques. Aux États-Unis, le National sexuel violence resource center estimait en 2012 qu'entre 2 et 10 % des plaintes déposées seraient fausses[76] mais que 63 % des agressions ne seraient jamais suivies d'une plainte. En France, seuls 9 % des viols sont suivis d'une plainte, 70 % sont classées sans suite et environ 2 % des violeurs sont condamnés. Les vies détruites ne sont pas celles des accusés.

Quand j'ai lancé en 2017 la page Facebook et le Tumblr « Paye ton journal », pour dénoncer les comportements sexistes dans la presse, j'ai reçu tellement de noms. Tellement de noms de patrons de presse, de rédacteurs en chefs, de chroniqueurs politiques, d'animateurs radio,

---

[75] Virginie Despentes, *King Kong Théorie* (Grasset, 2006).

[76] L'organisme indique au passage que ces chiffres sont gonflés car ils prennent en compte les affaires classées (faute de preuves ou à cause d'un discours incohérent), ce qui ne signifie pas que l'accusation était fausse.

etc. J'en ai encore la nausée. À l'époque, cependant, j'avais fait le choix de ne pas les nommer. D'abord parce que les victimes me le demandaient, pour se préserver et se protéger. Mais aussi parce que l'objectif du projet était de montrer que le sexisme était partout, et non pas de pointer du doigt telle ou telle rédaction, tandis que toutes les autres s'en laveraient les mains. Et aussi, on ne va pas se mentir, parce que j'avais peur d'être poursuivie pénalement et blacklistée professionnellement — j'étais alors encore dans une situation précaire.

La dernière raison, c'est qu'on le sait. Qu'est-ce que vous croyez ? On se parle. On se donne les noms des mecs à éviter. Dans la presse ou dans la bière, même combat. Quand j'ai débarqué dans ma première rédaction, une collègue m'a signalé discrètement un supérieur : « Fais attention à lui, il aime bien draguer lourdement les jeunes CDD. » Quand j'ai mis le pied dans le milieu de la bière, les meufs m'ont accueillie à bras ouverts, la liste en main des types toxiques à éviter autant que possible. Nommer, on le fait déjà entre nous, car tout se sait. Problème : rien ne se paie avec cette technique. On se passe l'info, mais ces types poursuivent sereinement leur petite vie, et ils peuvent potentiellement s'en prendre à celles qui n'auraient pas encore été mises au courant — même si, entendons-nous bien, la faute est toujours du côté de l'agresseur et pas de celui des victimes qui ne l'auraient pas dénoncé publiquement. Le *name and shame* est essentiel pour mettre fin à l'omerta et amener l'industrie à regarder le problème en face, à prendre ses responsabilités. Rapporter seulement des faits en ne mettant jamais personne en cause ne permettra malheureusement pas de faire changer durablement les choses, même si la réalité n'est pas aussi simple. Car il faut avant tout créer un espace où les victimes se sentent assez en confiance pour parler. Alors, on en fait quoi de tous ces noms ?

Culte de la personnalité et entre-soi masculin

Avec l'essor du mouvement craft, les patrons des brasseries tendance sont devenus des personnalités publiques et de vraies célébrités dans le milieu. Un sentiment de toute-puissance qui favorise les comportements problématiques et dangereux. « L'égocentrisme qui se crée quand on vous dit que vous êtes incroyable et que vous faites la meilleure bière du monde peut facilement mener les gens à agir comme ils ne le feraient pas habituellement », analyse Charlotte Cook[77], brasseuse en chef chez Coalition Brewery (Londres), pour qui « ces brasseries ne sont pas gérées comme des

[77] « *This is our place* » (*Beer52.com*, 3 juin 2021).

entreprises mais comme des théocraties », avec le brasseur comme souverain et Dieu. « Dans le milieu français on n'en est pas encore là, même si on s'en rapproche », estime Rowan, brasseur·se en région parisienne. « La différence et l'indépendance que l'on revendiquait il y a quelques années par rapport au star system qu'il y a dans le vin, c'est quelque chose qui s'estompe un peu. » À un événement entre professionnel·les, la sommelière Juliette Phuong a « vu le *boy's club* se former sous [ses] yeux : on discutait tous ensemble, il n'y avait que moi comme femme, puis ils sont partis prendre des bières en me laissant là », décrit-elle abasourdie. « Le *boy's club* se referme sans avoir besoin de claquer de porte. » Une organisation officieuse qui ne profite pas forcément à ses propres membres. « Il y a ce revers de l'émulation positive qui impose une forme de silence. On n'est pas là pour parler de politique, parler de sexualité ou d'identité de genre, ce n'est pas pertinent. On part du principe que tous les responsables sont des hommes cis hétéro et les meufs ne sont bonnes qu'au service et nous, les personnes trans, pédés, gouines, on n'existe pas », poursuit Rowan, pour qui « les mouvements d'initiative féministe ont toujours du mal à émerger car ils sont pris avec une raisonnable condescendance : "je comprends mais vous vous trompez de combat, on est potes" ».

Cette loi du silence autorise les pires comportements dont les femmes et les communautés marginalisées sont souvent les premières victimes. Charlotte Cook note aussi que le milieu craft s'est si vite développé que « beaucoup de brasseries ont grossi bien plus rapidement que ce qu'elles imaginaient, et n'ont pas su comment le gérer. Cela a une myriade d'effets allant du surmenage pour certains employés, des départements RH absents ou non formés, et le plus toxique de tous, des propriétaires de brasserie dotés d'un orgueil si colossal qu'il est de nature presque messianique[78]. » Une excuse derrière laquelle beaucoup se cachent, selon Ruvani de Silva, rédactrice spécialisée : « C'est juste un moyen d'ancrer la culture de *boy's club* et de concours de popularité qui a permis à l'industrie de devenir un refuge pour les réacs et les prédateurs sexuels[79]. »

Pour les personnes travaillant dans ces brasseries, qu'elles soient victimes ou témoins des événements rapportés, il est très compliqué de réagir et de dénoncer les agissements d'une personne qui a les pleins pouvoirs sur votre carrière. « On est en mode survie, parfois on fait des choix et ce sont des non choix », explique Garlonn Kergourlay, qui travaille à son compte. « On doit faire des compromis difficiles entre

[78] *Ibid.*

[79] Beth Demmon, *op. cit.*

nos valeurs et la réalité. Aujourd'hui, je réagis beaucoup moins, car ça peut ensuite me mettre en difficulté financièrement. » Comment dénoncer un brasseur adulé de tou·tes dans un milieu où il est déjà difficile de se faire une place en tant que femme, personne racisée, trans ou non-binaire ? Comment s'assurer de ne pas être blacklisté·e en retour ? À qui dénoncer ces agissements quand l'agresseur est votre patron ? Iriez-vous contacter l'inspection du travail dans une petite entreprise de trois ou quatre salarié·es, sans service RH, sans syndicalistes ? Pas évident. D'autant que l'explosion de la bière artisanale a un autre effet pervers sur les victimes. La fierté de travailler pour une brasserie reconnue dans une industrie en pleine expansion refroidit à parler. La peur de ternir l'image du milieu qui les passionne, à cause des actions d'une personne, en freine beaucoup. Comme une impression de « tirer contre son propre camp ». Pourtant, ce sont bien les agresseurs et autres boss tyranniques et misogynes qui ternissent l'image de la bière artisanale, et non les victimes qui dénoncent leurs agissements courageusement.

Ce mouvement d'ampleur ne s'est pas cantonné aux États-Unis. Au Royaume-Uni, la rédactrice web freelance Siobhan Buchanan, sur son compte Instagram @britishbeergirl, a diffusé des témoignages de sexisme et de comportements abusifs. « L'accumulation des témoignages et le fait que l'on y reconnaisse des amies ou des collègues a été extrêmement difficile à supporter, car on s'y reconnaît toutes et ça nous renvoie toutes à nos propres expériences », confie Amélie Tassin, qui a vécu l'événement de près. Dans une lettre ouverte signée initialement par cinquante ancien·nes salarié·es de BrewDog (puis plusieurs centaines), le collectif Punks with Purpose dénonce le comportement tyrannique du fondateur, James Watt. Au Danemark, c'est la brasserie Mikkeller qui est ciblée par le compte Instagram anonyme @mikkellerbeer.protest, puis par Fanny Wandel, gérante du bar de Copenhague The Barking Dog, qui a épinglé le fondateur de la brasserie, témoignages et vidéos à l'appui.

En France, les établissements brassicoles sont restés bien silencieux. À moins d'un problème de connexion internet, il est peu probable qu'ils soient passés à côté des publications de Brienne Allan et des répercussions qu'elles ont pu avoir. Il serait utopiste de penser que de tels comportements ne peuvent pas avoir lieu dans les brasseries, bars et caves françaises.

Mais ce silence complice n'est pas surprenant. Les Français sont particulièrement frileux à relayer les mouvements de libération de la parole (horrible expression pour dire qu'on écoute enfin les victimes, car on n'a pas trop le choix). Dénoncer les violences faites aux femmes est perçu comme un positionnement militant, alors que l'on parle d'êtres humains. « La France n'est pas prête à reconnaître qu'elle a un problème. Le sexisme et le harcèlement sont probablement plus ancrés dans la culture », analyse Amélie Tassin. C'est l'exception française et son droit d'importuner en paix. Pour elle, il manque aussi « des figures comme Melissa Cole, qui a travaillé pendant des années sur cette prise de conscience, pour ouvrir le dialogue, donner de la voix aux femmes de l'industrie ».

Un manque de réaction qui a tendance à agacer les professionnelles du milieu et amatrices de bières qui, elles, n'ont pas manqué de relayer les conséquences de ce coup de tonnerre : « Il ne faut pas faire de vague, donc il n'y a pas de débat, pas d'engagement », déplore Carol-Ann Cailly. Les brasseries auraient-elles peur de se faire taxer de militantes en dénonçant ces discriminations ? « Faire de la bière c'est politique, se revendiquer artisan c'est politique et militant, que tu le veuilles ou non. Quand il s'agit de défendre des gens y'a plus personne, c'est un double discours incohérent et le silence est assourdissant », poursuit la sommelière. J'en ai entendu des brasseurs dire qu'ils ne voulaient pas collaborer avec telle brasserie qui utilise des arômes dans ses bières, telle autre qui ne fait pas de bio, car ça ne correspondait pas à leurs valeurs. Alors pourquoi cette logique (tout aussi politique et militante) ne s'applique-t-elle pas pour les collaborations avec les brasseries dont certains responsables harcèlent et/ou agressent leurs salarié·es ? Avec ces valeurs à deux vitesses, le déclic se fait attendre.

Inclusion et représentation

Maintenant que tout ce petit monde a été pointé du doigt, peut-on avancer? Pas sûr. « La plupart des brasseries dénoncées continuent de vendre leurs bières comme si de rien n'était et ces révélations n'ont aucun impact sur les consommateurs car elles sont abordées majoritairement au sein du microcosme brassicole », souffle Amélie Tassin. La bière collaborative Brave Noise, lancée par Brienne Allan pour promouvoir une industrie brassicole *safe* et sans discriminations a réuni moins de 100 brasseries[80]. Le milieu sait pourtant se réunir sur d'autres sujets tout aussi engagés : en 2020, elles étaient 1 300 à brasser Black is Beautiful après le meurtre de George Floyd, et 850 pour All Together, dont les bénéfices ont été versés au personnel hospitalier au début de la pandémie de Covid-19.

Pour le Mikkeller Beer Celebration Copenhaguen (MBCC)

---

[80] Pour brasser la bière, les brasseries doivent d'abord signer et adhérer à une charte de bonne conduite, la mettre à disposition de leurs salarié·es, et faire une donation à une association.

2021, le festival de bière organisé par Mikkeller (dont des salarié·es ont dénoncé la culture d'entreprise toxique), six brasseries invitées ont brassé la Brave Noise. Et il a fallu attendre que des féministes engagées les mettent face à leurs contradictions pour qu'une quarantaine d'établissements (sur une grosse centaine) se retirent de l'événement. Pas vu, pas pris ? En quelque sorte, car le MBCC est un énorme et prestigieux festival, et pour les brasseries invitées cela représente un privilège et une visibilité forte. *Business is business*, n'est-ce pas. Mais en ce cas, mieux vaut éviter les discours militants et engagés en semaine A pour travailler en semaine B avec une entreprise dont les salarié·es ont témoigné de faits répréhensibles par la loi, sans réponse claire de la part de la direction. Le MBCC 2021 a fait carton plein, avec quelque 7500 visiteurs en deux jours. Au même moment en Angleterre, le #CollabFest organisé par Brewdog a réuni 70 brasseries partenaires à travers le globe. Encore des entreprises détruites par les féministes ! D'ailleurs, contrairement à ce qu'a affirmé le fondateur de Mikkeller dans la presse[81], les militantes ne veulent pas faire couler son entreprise. Que ce soit Mikkeller ou Brewdog, ces boîtes emploient des centaines de personnes à travers le monde. Personne n'a envie que ces gens se retrouvent au

[81] « *Mikkeller beskyldes for dårlige arbejdsforhold : Nu trækker flere bryggerier sig fra deres ølfestival* » (*Dr.dk*, 14 oct. 2021).

chômage. En revanche, que les employeurs prennent leurs responsabilités sur les problématiques remontées (au lieu de les étouffer et/ou d'attaquer les victimes) et fassent en sorte que tout ce petit monde travaille dans des conditions décentes, ce serait bien la moindre des choses.

Si je ne suis pas très optimiste quant à une réelle prise de conscience, autant au sein de l'industrie qu'auprès des consommateur·trices, je ne suis pas fataliste pour autant. Problème : maintenant que les meufs ont alerté publiquement, il serait temps de les écouter et de mettre en place des actions concrètes. Pour Carol-Ann Cailly, ce travail doit d'abord venir des syndicats : « Il faut une meilleure mixité au sein des syndicats et créer une vraie politique d'inclusivité, avec un bureau dédié sur ces problématiques. » Et l'inclusivité ça ne consiste pas à assurer à qui veut l'entendre qu'on accueille tout le monde, bien sûr, sans distinctions. Évidemment qu'aucune brasserie, bar ou caviste n'interdit l'entrée aux femmes, aux personnes trans et non-binaires, racisées, LGBTQIA+ (quoique), mais font-ils en sorte de leur donner *envie* d'entrer ? C'est là toute la nuance, que la Brewers Association (en 2018) et la Camra (en 2019) ont bien comprise, en embauchant une personne dédiée aux problématiques de diversité et d'inclusivité. Cela permet de donner des clés aux brasseries pour améliorer le recrutement des femmes, gérer un cas de harcèlement moral et/ou sexuel au sein d'un établissement, proposer des formations, etc. Sur ces questions, le président du SNBI indique que le syndicat a mis en place dès sa création « une commission éthique présidée par David Hubert » (brasserie Ninkasi) qui peut être saisie par tou·tes les adhérent·es. Précisant que les problématiques de harcèlement et de discrimination « ne sont malheureusement pas spécifiques à notre métier », Jean-François Drouin ajoute qu'aucun webinar ou formation sur le sujet ne sont planifiés. C'est sûr que si on part du principe que ça ne nous concerne pas car ça concerne tout le monde, on ne risque pas de faire avancer le schmilblick. Sans le soutien et la force de frappe des syndicats et des associations professionnelles (aussi bien financier qu'en termes de visibilité), on comprend la fatigue des militantes à porter bénévolement toute la charge de travail sur leurs épaules. La création d'un syndicat de salarié·es de la bière (et non de patrons, ce qui existe actuellement), comme cela a été fait récemment en Angleterre[82], pourrait être une réponse pertinente à ce statu quo.

---

[82] Le Brewery Workers Union, syndicat ouvert à tou·tes les salarié·es des brasseries qui ne sont pas à des postes de management, a été créé le 1er novembre 2021.

Faute de mieux, les établissements prennent des mesures de sensibilisation à leur échelle. « Je fais signer une charte à tous les salariés de la société, où on a notamment un passage qui parle de harcèlement », détaille Antoine Robic, de la brasserie Fauve. « C'est un sujet sur lequel on est intransigeant, alors à chaque fois que quelqu'un nous rejoint, on en parle. » Amélie Tassin, elle, propose à sa clientèle « une formation qui traite de l'inclusivité et une check-list des actions à mettre en place pour la brasserie et pour ses bars, afin de protéger staffs et client·es, (elle leur fait aussi) savoir haut et fort ce qui est accepté et surtout ce qui ne l'est pas ». Si ses formations sont très bien accueillies par les salarié·es qui se sentent rassuré·es, « c'est un peu plus compliqué avec les patrons et brasseurs, car il faut accepter qu'on n'est pas parfait ».

Pour ces derniers, cela passe aussi par une communication où les femmes ne sont pas invisibilisées. En clair : embauchez des femmes dans vos équipes, faites travailler des illustratrices sur vos étiquettes, adressez-vous à vos consommatrices comme à vos consommateurs. Bon, j'en entends déjà certains hurler à la discrimination positive, d'autres promettre juré-craché qu'ils embauchent les personnes les plus compétentes, peu importe le genre. Ce n'est vraiment pas de bol que dans presque 100 % des cas, la fameuse personne la plus compétente s'avère être un homme. Et si une femme obtient le poste, certains vont toujours tiquer. « Dès que tu mets des femmes au premier plan, les hommes pensent qu'ils vont perdre quelque chose, c'est incroyable, ils ont été élevés comme ça », s'agace la brasseuse Alê Kali. Mais c'est vrai, embaucher une femme parce qu'elle est une femme ou parce que vous avez envie de « féminiser » votre entreprise est une fausse bonne idée. Les femmes ne sont pas votre caution diversité, je vous rappelle que nous représentons la moitié de l'espèce humaine. « J'ai l'exemple d'une amie brasseuse qui a été embauchée juste parce que le brasseur voulait féminiser son équipe, ça n'a pas été super pour elle », se souvient Garlonn Kergourlay. « En plus, on l'a finalement jugée pas assez féminine et son employeur rigolait face à elle d'avoir fait une erreur de casting. »

Pourtant, la représentation crée des vocations. Preuve en est avec un autre univers profondément masculin : le football. En 2019, c'était la première fois que la Coupe du monde féminine de football était aussi suivie dans les médias et diffusée sur les grandes chaînes françaises. L'effet a été immédiat : le président de la Fédération française de football, Noël Le Graët, a annoncé une hausse de 11 % des licences des jeunes filles par rapport à 2018. « Ce qui est important c'est le *role model* », assure Juliette Phuong. « Si tu ne t'es jamais reconnue dans qui que ce soit, c'est un frein. Quand j'ai commencé les dégustations, les femmes qui en faisaient, il y en avait deux ou trois, et certainement pas de femmes asiatiques. » Dans sa formation de brasseuse, Gaëlle Scholtus avait « une seule intervenante », Agathe Leroy, sommelière en bière et gérante du Baragouin à Douai. La brasseuse s'identifie immédiatement : « Quand tu as des modèles comme ça dans ta formation, c'est hyper motivant. Elle a 30 ans, j'en ai 27. Elle s'est formée, elle a sa cave à bière, va ouvrir son brewpub, elle entreprend, elle n'hésite pas et c'est vraiment cool. » Visibiliser pour normaliser, c'est ça l'objectif. Messieurs, rassurez-vous, les femmes dans la bière ne veulent pas vous éradiquer pour prendre votre place. Non, pour ne plus entendre personne s'étonner de voir une meuf dans une salle de brassage, dans un bar en train de soulever des fûts, dans une cave en train de conseiller la clientèle, devant le comptoir avec une pinte de stout à la main, il faut en passer par là — il faut les montrer et les célébrer. Quand plus personne ne s'en étonnera, quand elles seront en nombre, respectées et bien payées, on pourra dire qu'on a avancé. D'ailleurs, la plupart d'entre elles n'ont pas vraiment envie d'être sur le devant de la scène et veulent juste faire leur taf tranquillement, avec le respect qu'elles méritent.

Pour l'heure, quand ces professionnelles sont présentes dans des panels lors d'événements autour de la bière, c'est principalement pour parler du fait d'être une femme dans « un milieu d'hommes ». S'il est nécessaire d'aborder la question du sexisme dans le milieu et de le dénoncer (c'est d'ailleurs l'objet principal de cet essai), les femmes peuvent s'exprimer sur d'autres sujets que le fait d'être des femmes. « Il est très rare d'avoir des intervenantes sur des sujets qui ne sont pas liés aux femmes », déplore Juliette Phuong. « Ou alors il y en a une, histoire de dire. » Il suffit de regarder les programmations des festivals ces dernières années : les organisateurs calent tous une petite conférence sur la place des femmes dans la bière. C'est tendance, c'est bien vu, on se donne bonne conscience pendant une heure en fronçant les sourcils et en hochant la tête en écoutant des femmes raconter les horreurs sexistes qu'elles ont vécues. Puis on passe à autre chose avec un sentiment de devoir accompli, mais en ne prenant absolument aucune mesure. C'est aussi pour ça qu'Amélie Tassin a lancé à Édimbourg le festival Women in Beers, dont la première édition s'est déroulée en 2019. Des soirées et événements ouverts à tou·tes ont eu lieu dans différents établissements avec des conférences (dont les panels étaient composés uniquement de professionnelles) sur l'avenir des *cask ales*[83] au Royaume-Uni, le brassage amateur, la création de brasserie : « L'idée ce n'était pas de faire de panel "c'est quoi d'être une femme dans la bière", car ça m'horripile. Ça n'a aucun intérêt pour personne et ça ne débouche sur rien. Il faut montrer que les femmes sont compétentes dans leur domaine, c'est plus intéressant que ce qu'elles subissent, car ça on le sait déjà. »

Certain·es diront peut-être que je suis trop radicale, mais quand j'entends des meufs de la bière dire qu'il faut être « la plus douce possible », rester « pédagogique et bienveillante », ça me fait bondir. Je pense qu'on a toutes assez donné. Doit-on encore passer notre temps à faire de la pédagogie avec de grands adultes qui ne savent pas qu'il ne faut pas être sexiste, raciste, transphobe, etc. ? Doit-on encore faire de grands sourires et expliquer gentiment et doucement que les *bières de filles* n'existent pas, que les femmes ont leur place dans une brasserie, qu'une sommelière est toute aussi apte qu'un sommelier à conseiller une bière ? « Il est temps que les femmes arrêtent d'être aimablement énervées[84]. » Perdre votre calme face

[83] Une *cask ale* est une bière qui est conditionnée en tonneaux et servie en pression directement depuis ces derniers à température de cave (11-13 °C contre 4-6 °C pour une pression classique) et qui est aussi beaucoup moins pétillante.

[84] Leymah Gbowee, militante libérienne, lors de son discours pour la réception du prix Nobel de la paix, en 2011.

à une énième remarque dégueulasse ne fait pas de vous des hystériques, même si certains adoreront vous le faire croire. Votre colère et votre ras-le-bol sont légitimes. Vous n'êtes pas obligées d'éduquer, de répondre sans cesse aux mêmes questions, de sortir tous les chiffres et les études accessibles à tou·tes en quelques clics sur internet. Votre temps c'est de l'argent et vous avez autre chose à faire. « Il faut réclamer de façon unilatérale et sans faire montre d'excuses ou de regrets la place qui nous est due. S'il y'a une leçon à donner aux autres c'est d'arrêter de parler à notre place : fermez-là et laissez-nous l'espace pour les sujets qui nous concernent », revendique Rowan, dont je partage la vision.

Malgré toutes les difficultés évoquées au fil de ces pages, les professionnelles rencontrées ne regrettent pas leur choix de carrière : « Le milieu est extrêmement bienveillant une fois que tu as trouvé les bonnes personnes et que tu es bien entourée. Là, tu apprends plein de choses sur un produit incroyable », assure Carol-Ann Cailly. Garlonn Kergourlay préfère aussi relativiser : « Une partie hyper positive en moi me dit qu'on est dans la bonne direction, même si ça va être difficile et que ça va prendre du temps. » Il suffit de faire un tour dans les bars à bières ou les festivals spécialisés : on y voit quand même beaucoup plus de femmes qu'il y a quelques années, de tous les âges et de tous les horizons. « Tout le monde peut observer ce changement en regardant la queue aux toilettes des festivals », plaisante la journaliste Tara Nurin[85]. « Les femmes avaient l'habitude de blaguer sur le fait que, pour une fois, elles pouvaient entrer et sortir des toilettes plus rapidement que les hommes. Heureusement ou malheureusement, selon le point de vue, ce n'est plus vrai. » On aimerait les voir en nombre derrière les stands aussi.

Dans le microcosme de la scène craft, elles (re)prennent leur place mais attendent encore une considération qui n'est parfois donnée qu'à leurs confrères. Auprès du grand public (comprendre les non-initié·es à la bière artisanale), il y a encore un gros travail de normalisation et d'éducation sur les goûts à faire, aussi bien auprès des hommes que des femmes. Je n'ai évidemment pas la prétention de penser que le monde de la bière mettra fin au sexisme, problème bien plus profond et ancré dans toute notre société, mais c'est quand même une belle porte d'entrée. La bière artisanale en France, c'est un milieu encore en pleine expansion, à la recherche de son identité. C'est le moment idéal d'en faire quelque chose d'autre, de réellement ouvert et inclusif, au-delà des post Instagram performatifs et

[85] Tara Nurin, *op. cit.*

des bons sentiments sans lendemains. Le travail doit se faire sur tous les fronts, aussi bien dans qu'en dehors des salles de brassage, en faisant entendre nos revendications dans les lieux de socialisation qui touchent un plus large public (bars, festivals...). Ne nous berçons pas d'illusions : nous ne changerons pas la mentalité de ceux qui sont profondément empêtrés dans leur misogynie, alors faisons sans eux. Buvez, brassez, dégustez, faites vivre le monde de la bière et revendiquez-le, prenez la place qui est la vôtre sans vous excuser. Il y a encore tant à faire. Ne perdons plus un instant.

REMERCIEMENTS

Merci aux femmes qui font la bière aujourd'hui. Merci aux pionnières qui l'ont faite hier et qui ont ouvert la voie aux autres. Merci à celles qui se battent tous les jours pour que celles de demain n'aient pas à subir les mêmes injustices. Merci pour votre engagement sans faille afin de faire vivre ce milieu riche qu'est celui de la bière artisanale. Merci aux personnes qui ont pris de leur temps pour m'éclairer sur leur quotidien, leur passion, leurs joies comme leurs difficultés : Véronique Lanceron, Véronique Vérisson, Juliette Phuong, Garlonn Kergourlay, Rowan, Gaëlle Scholtus, Manon, Anne-Line Vernet, Alê Kali, Pauline Raymond, Amélie Tassin, Antoine Robic, Sarah Morand. Un merci tout particulier à Carol-Ann Cailly pour sa bienveillance et son soutien.

Merci à Anne et Antonin d'avoir cru en ce projet qui me tenait à cœur et de m'avoir guidée tout au long de sa réalisation. Je n'aurais pas pu rêver meilleur·es éditeur·rices pour cette première publication.

Merci à Jason, mon meilleur compagnon de beer trip. Et à mes parents, mes premiers supporters.

L'AUTRICE

Anaïs Lecoq (@anahlcq / @sour.lover) est née en 1994 et a grandi en Champagne. Elle est journaliste web en presse locale et féministe engagée contre le sexisme dans les médias (Paye ton journal en 2017, enquête #EntenduÀLaRédac avec #NousToutes et Prenons la Une en 2019). Elle est Certified Beer Server, premier niveau de la formation internationale Cicerone. Anaïs aime les séries télé, le curry japonais et les bières acides qui décollent les gencives et retournent l'estomac. *Maltriarcat* est son premier ouvrage.

PARU AUX ÉDITIONS NOURITURFU

Skin Contact
Alice Feiring

Faiminisme
Nora Bouazzouni

20 recettes pour conclure
Judith Duportail & Renée Greusard

Cheforama
Ava Cahen

La Pire Espèce
Fabien Granier

Bouffes bluffantes
Nicolas Kayser-Bril

Spaghetti Wars
Tommaso Melilli

Le guide des vins dont vous êtes le héros
Antonin Iommi-Amunategui

Cheffes
Vérane Frédiani & Estérelle Payany

Plaidoyer pour le vin naturel
Éric Morain

Vigneronnes
Sandrine Goeyvaerts

Cavistes
Collectif

Les Agronautes
Cédric Rabany

Breuvages bluffants
Nicolas Kayser-Bril

Le livre de recettes dont vous êtes le héros
Anne Zunino & Antonin Iommi-Amunategui

Voracisme
Nicolas Kayser-Bril

Steaksisme
Nora Bouazzouni

Manifeste pour un vin inclusif
Sandrine Goeyvaerts

Faust Food
Domingo Darko

© Nouriturfu, 2022

Première édition
ISBN 978-2-490698-55-4

Ce livre a été achevé d'imprimer par Pulsio Print (Bulgarie)
en janvier 2022

Dépôt légal : mars 2022

Éditions Nouriturfu
256, avenue Daumesnil
75012 Paris

contact@nouriturfu.com @nouriturfu #Maltriarcat